全国普法学习读本

人口身份类法律法规学习读本
身份综合管理法律法规

■ 胡元斌 主编

加大全民普法力度，建设社会主义法治文化，树立宪法法律至上、法律面前人人平等的法治理念。

——中国共产党第十九次全国代表大会《决胜全面建成小康社会 夺取新时代中国特色社会主义伟大胜利》

汕头大学出版社

图书在版编目（CIP）数据

身份综合管理法律法规 / 胡元斌主编. -- 汕头：汕头大学出版社，2023.4（重印）

（人口身份类法律法规学习读本）

ISBN 978-7-5658-3445-5

Ⅰ. ①身… Ⅱ. ①胡… Ⅲ. ①人口-身份-管理-法规-中国-学习参考资料 Ⅳ. ①D923.974

中国版本图书馆 CIP 数据核字（2018）第 000782 号

身份综合管理法律法规　SHENFEN ZONGHE GUANLI FALÜ FAGUI

主　　编：	胡元斌
责任编辑：	邹　峰
责任技编：	黄东生
封面设计：	大华文苑
出版发行：	汕头大学出版社
	广东省汕头市大学路 243 号汕头大学校园内　邮政编码：515063
电　　话：	0754-82904613
印　　刷：	三河市元兴印务有限公司
开　　本：	690mm×960mm 1/16
印　　张：	18
字　　数：	226 千字
版　　次：	2018 年 1 月第 1 版
印　　次：	2023 年 4 月第 2 次印刷
定　　价：	59.60 元（全 2 册）

ISBN 978-7-5658-3445-5

版权所有，翻版必究

如发现印装质量问题，请与承印厂联系退换

前　言

习近平总书记指出："推进全民守法，必须着力增强全民法治观念。要坚持把全民普法和守法作为依法治国的长期基础性工作，采取有力措施加强法制宣传教育。要坚持法治教育从娃娃抓起，把法治教育纳入国民教育体系和精神文明创建内容，由易到难、循序渐进不断增强青少年的规则意识。要健全公民和组织守法信用记录，完善守法诚信褒奖机制和违法失信行为惩戒机制，形成守法光荣、违法可耻的社会氛围，使遵法守法成为全体人民共同追求和自觉行动。"

中共中央、国务院曾经转发了中央宣传部、司法部关于在公民中开展法治宣传教育的规划，并发出通知，要求各地区各部门结合实际认真贯彻执行。通知指出，全民普法和守法是依法治国的长期基础性工作。深入开展法治宣传教育，是全面建成小康社会和新农村的重要保障。

普法规划指出：各地区各部门要根据实际需要，从不同群体的特点出发，因地制宜开展有特色的法治宣传教育坚持集中法治宣传教育与经常性法治宣传教育相结合，深化法律进机关、进乡村、进社区、进学校、进企业、进单位的"法律六进"主题活动，完善工作标准，建立长效机制。

特别是农业、农村和农民问题，始终是关系党和人民事业发展的全局性和根本性问题。党中央、国务院发布的《关于推进社会主义新农村建设的若干意见》中明确提出要"加强农村法制建设，深入开展农村普法教育，增强农民的法制观念，提高农民依法行使权利和履行义务的自觉性。"多年普法实践证明，普及法律知识，提高法制观念，增强全社会依法办事意识具有重要作用。特别是在广大农村进行普法教育，是提高全民法律素质的需要。

多年来，我国在农村实行的改革开放取得了极大成功，农村发生了翻天覆地的变化，广大农民生活水平大大得到了提高。但是，由于历史和社会等原因，现阶段我国一些地区农民文化素质还不高，不学法、不懂法、不守法现象虽然较原来有所改变，但仍有相当一部分群众的法制观念仍很淡化，不懂、不愿借助法律来保护自身权益，这就极易受到不法的侵害，或极易进行违法犯罪活动，严重阻碍了全面建成小康社会和新农村步伐。

为此，根据党和政府的指示精神以及普法规划，特别是根据广大农村农民的现状，在有关部门和专家的指导下，特别编辑了这套《全国普法学习读本》。主要包括了广大人民群众应知应懂、实际实用的法律法规。为了辅导学习，附录还收入了相应法律法规的条例准则、实施细则、解读解答、案例分析等；同时为了突出法律法规的实际实用特点，兼顾地方性和特殊性，附录还收入了部分某些地方性法律法规以及非法律法规的政策文件、管理制度、应用表格等内容，拓展了本书的知识范围，使法律法规更"接地气"，便于读者学习掌握和实际应用。

在众多法律法规中，我们通过甄别，淘汰了废止的，精选了最新的、权威的和全面的。但有部分法律法规有些条款不适应当下情况了，却没有颁布新的，我们又不能擅自改动，只得保留原有条款，但附录却有相应的补充修改意见或通知等。众多法律法规根据不同内容和受众特点，经过归类组合，优化配套。整套普法读本非常全面系统，具有很强的学习性、实用性和指导性，非常适合用于广大农村和城乡普法学习教育与实践指导。总之，是全国全民普法的良好读本。

目　录

中华人民共和国居民身份证法

第一章　总　则…………………………………………（2）
第二章　申领和发放……………………………………（3）
第三章　使用和查验……………………………………（4）
第四章　法律责任………………………………………（6）
第五章　附　则…………………………………………（7）

附　录

公安部　中央综治办　国家发展改革委　工业和信息化部
人力资源社会保障部　住房城乡建设部　交通运输部
中国人民银行关于规范居民身份证使用管理的公告………（9）
关于建立居民身份证异地受理挂失申报和
　　丢失招领制度的意见 ……………………………（12）
现役军人和人民武装警察居民身份证申领发放办法 …（19）
中华人民共和国临时居民身份证管理办法 ……………（23）
电话用户真实身份信息登记规定 ………………………（26）
关于加强生活无着流浪乞讨人员身份查询和
　　照料安置工作的意见 ……………………………（32）
金融机构客户身份识别和客户身份资料及交易记录
　　保存管理办法 ……………………………………（38）

中华人民共和国户口登记条例

中华人民共和国户口登记条例 ……………………（51）
公安部关于城镇暂住人口管理的暂行规定 …………（57）
居住证暂行条例 …………………………………………（60）
附　录
　国务院办公厅关于解决无户口人员
　　登记户口问题的意见 ………………………………（67）
　办理户口、居民身份证工作规范 ……………………（73）
　中国公民民族成份登记管理办法 ……………………（78）
　国务院办公厅关于积极稳妥推进户籍
　　管理制度改革的通知 ………………………………（84）
　国务院关于进一步推进户籍制度改革的意见 ………（89）
　推动1亿非户籍人口在城市落户方案 …………………（96）
　福建省居民户口登记管理办法 ………………………（103）
　浙江省常住户口登记管理规定（试行） ……………（119）

中华人民共和国居民身份证法

中华人民共和国主席令
第五十一号

《全国人民代表大会常务委员会关于修改〈中华人民共和国居民身份证法〉的决定》已由中华人民共和国第十一届全国人民代表大会常务委员会第二十三次会议于 2011 年 10 月 29 日通过，现予公布，自 2012 年 1 月 1 日起施行。

中华人民共和国主席　胡锦涛
2011 年 10 月 29 日

（《中华人民共和国居民身份证法》经 2003 年 6 月 28 日第十届全国人大常委会第 3 次会议通过；根据 2011 年 10 月 29 日第十一届全国人大常委会第 23 次会议《关于修改〈中华人民共和国居民身份证法〉的决定》修正)

第一章 总 则

第一条 为了证明居住在中华人民共和国境内的公民的身份，保障公民的合法权益，便利公民进行社会活动，维护社会秩序，制定本法。

第二条 居住在中华人民共和国境内的年满十六周岁的中国公民，应当依照本法的规定申请领取居民身份证；未满十六周岁的中国公民，可以依照本法的规定申请领取居民身份证。

第三条 居民身份证登记的项目包括：姓名、性别、民族、出生日期、常住户口所在地住址、公民身份号码、本人相片、指纹信息、证件的有效期和签发机关。

公民身份号码是每个公民唯一的、终身不变的身份代码，由公安机关按照公民身份号码国家标准编制。

公民申请领取、换领、补领居民身份证，应当登记指纹信息。

第四条 居民身份证使用规范汉字和符合国家标准的数字符号填写。

民族自治地方的自治机关根据本地区的实际情况，对居民身份证用汉字登记的内容，可以决定同时使用实行区域自治的民族的文字或者选用一种当地通用的文字。

第五条 十六周岁以上公民的居民身份证的有效期为十年、二十年、长期。十六周岁至二十五周岁的，发给有效期十年的居民身份证；二十六周岁至四十五周岁的，发给有效期二十年的居民身份证；四十六周岁以上的，发给长期有效的居民身份证。

未满十六周岁的公民，自愿申请领取居民身份证的，发给有效期五年的居民身份证。

第六条 居民身份证式样由国务院公安部门制定。居民身份证由公安机关统一制作、发放。

居民身份证具备视读与机读两种功能，视读、机读的内容限于本法第三条第一款规定的项目。

公安机关及其人民警察对因制作、发放、查验、扣押居民身份证而知悉的公民的个人信息，应当予以保密。

第二章　申领和发放

第七条 公民应当自年满十六周岁之日起三个月内，向常住户口所在地的公安机关申请领取居民身份证。

未满十六周岁的公民，由监护人代为申请领取居民身份证。

第八条 居民身份证由居民常住户口所在地的县级人民政府公安机关签发。

第九条 香港同胞、澳门同胞、台湾同胞迁入内地定居的，华侨回国定居的，以及外国人、无国籍人在中华人民共和国境内定居并被批准加入或者恢复中华人民共和国国籍的，在办理常住户口登记时，应当依照本法规定申请领取居民身份证。

第十条 申请领取居民身份证,应当填写《居民身份证申领登记表》,交验居民户口簿。

第十一条 国家决定换发新一代居民身份证、居民身份证有效期满、公民姓名变更或者证件严重损坏不能辨认的,公民应当换领新证;居民身份证登记项目出现错误的,公安机关应当及时更正,换发新证;领取新证时,必须交回原证。居民身份证丢失的,应当申请补领。

未满十六周岁公民的居民身份证有前款情形的,可以申请换领、换发或者补领新证。

公民办理常住户口迁移手续时,公安机关应当在居民身份证的机读项目中记载公民常住户口所在地住址变动的情况,并告知本人。

第十二条 公民申请领取、换领、补领居民身份证,公安机关应当按照规定及时予以办理。公安机关应当自公民提交《居民身份证申领登记表》之日起六十日内发放居民身份证;交通不便的地区,办理时间可以适当延长,但延长的时间不得超过三十日。

公民在申请领取、换领、补领居民身份证期间,急需使用居民身份证的,可以申请领取临时居民身份证,公安机关应当按照规定及时予以办理。具体办法由国务院公安部门规定。

第三章 使用和查验

第十三条 公民从事有关活动,需要证明身份的,有权使用居民身份证证明身份,有关单位及其工作人员不得拒绝。

有关单位及其工作人员对履行职责或者提供服务过程中获得的居民身份证记载的公民个人信息，应当予以保密。

第十四条 有下列情形之一的，公民应当出示居民身份证证明身份：

（一）常住户口登记项目变更；

（二）兵役登记；

（三）婚姻登记、收养登记；

（四）申请办理出境手续；

（五）法律、行政法规规定需要用居民身份证证明身份的其他情形。

依照本法规定未取得居民身份证的公民，从事前款规定的有关活动，可以使用符合国家规定的其他证明方式证明身份。

第十五条 人民警察依法执行职务，遇有下列情形之一的，经出示执法证件，可以查验居民身份证：

（一）对有违法犯罪嫌疑的人员，需要查明身份的；

（二）依法实施现场管制时，需要查明有关人员身份的；

（三）发生严重危害社会治安突发事件时，需要查明现场有关人员身份的；

（四）在火车站、长途汽车站、港口、码头、机场或者在重大活动期间设区的市级人民政府规定的场所，需要查明有关人员身份的；

（五）法律规定需要查明身份的其他情形。

有前款所列情形之一，拒绝人民警察查验居民身份证的，依照有关法律规定，分别不同情形，采取措施予以处理。

任何组织或者个人不得扣押居民身份证。但是，公安机关依照《中华人民共和国刑事诉讼法》执行监视居住强制措施的情形除外。

第四章　法律责任

第十六条　有下列行为之一的，由公安机关给予警告，并处二百元以下罚款，有违法所得的，没收违法所得：

（一）使用虚假证明材料骗领居民身份证的；

（二）出租、出借、转让居民身份证的；

（三）非法扣押他人居民身份证的。

第十七条　有下列行为之一的，由公安机关处二百元以上一千元以下罚款，或者处十日以下拘留，有违法所得的，没收违法所得：

（一）冒用他人居民身份证或者使用骗领的居民身份证的；

（二）购买、出售、使用伪造、变造的居民身份证的。

伪造、变造的居民身份证和骗领的居民身份证，由公安机关予以收缴。

第十八条　伪造、变造居民身份证的，依法追究刑事责任。

有本法第十六条、第十七条所列行为之一，从事犯罪活动的，依法追究刑事责任。

第十九条　国家机关或者金融、电信、交通、教育、医疗等单位的工作人员泄露在履行职责或者提供服务过程中获得的居民身份证记载的公民个人信息，构成犯罪的，依法追究刑事责任；尚不构成犯罪的，由公安机关处十日以上十五日以下拘留，并处五千元罚款，有违法所得的，没收违法所得。

单位有前款行为，构成犯罪的，依法追究刑事责任；尚不构成犯罪的，由公安机关对其直接负责的主管人员和其他直接责任人员，处十日以上十五日以下拘留，并处十万元以上五十万元以下罚款，有违法所得的，没收违法所得。

有前两款行为，对他人造成损害的，依法承担民事责任。

第二十条 人民警察有下列行为之一的，根据情节轻重，依法给予行政处分；构成犯罪的，依法追究刑事责任：

（一）利用制作、发放、查验居民身份证的便利，收受他人财物或者谋取其他利益的；

（二）非法变更公民身份号码，或者在居民身份证上登载本法第三条第一款规定项目以外的信息或者故意登载虚假信息的；

（三）无正当理由不在法定期限内发放居民身份证的；

（四）违反规定查验、扣押居民身份证，侵害公民合法权益的；

（五）泄露因制作、发放、查验、扣押居民身份证而知悉的公民个人信息，侵害公民合法权益的。

第五章 附 则

第二十一条 公民申请领取、换领、补领居民身份证，应当缴纳证件工本费。居民身份证工本费标准，由国务院价格主管部门会同国务院财政部门核定。

对城市中领取最低生活保障金的居民、农村中有特殊生活困难的居民,在其初次申请领取和换领居民身份证时,免收工本费。对其他生活确有困难的居民,在其初次申请领取和换领居民身份证时,可以减收工本费。免收和减收工本费的具体办法,由国务院财政部门会同国务院价格主管部门规定。

公安机关收取的居民身份证工本费,全部上缴国库。

第二十二条 现役的人民解放军军人、人民武装警察申请领取和发放居民身份证的具体办法,由国务院和中央军事委员会另行规定。

第二十三条 本法自2004年1月1日起施行,《中华人民共和国居民身份证条例》同时废止。

依照《中华人民共和国居民身份证条例》领取的居民身份证,自2013年1月1日起停止使用。依照本法在2012年1月1日以前领取的居民身份证,在其有效期内,继续有效。

国家决定换发新一代居民身份证后,原居民身份证的停止使用日期由国务院决定。

附 录

公安部 中央综治办 国家发展改革委 工业和信息化部 人力资源社会保障部 住房城乡建设部 交通运输部 中国人民银行 关于规范居民身份证使用管理的公告

居民身份证是我国公民的法定身份证件。为更好地维护公民合法权益，保护公民个人信息安全，提高公共服务水平，加快推进社会信用体系建设，根据《中华人民共和国居民身份证法》、《中华人民共和国治安管理处罚法》等法律法规，现就规范居民身份证使用、核查等有关事项公告如下：

一、为保障公民合法权益，便利公民进行社会活动，公民应当依法申请领取、换领、补领居民身份证。

二、公民应当依法使用居民身份证，不得出租、出借、转让居民身份证。

三、公民应当增强居民身份证安全保护意识，妥善保管居民身份证，防止丢失、被盗。

四、登记指纹信息的居民身份证可以有效防止被他人冒用，有利于保护公民个人信息安全，有利于社会信用体系建设。公民可积极主动到公安机关申请换领登记指纹信息的居民身份证。

五、国家机关或者有关单位及其工作人员应当认真履行居民身份证核查义务，严格落实人、证一致性核查责任。不依法履行核查义务致使公民合法权益或公共利益遭受损害的，依照有关规定追究责任。公民应当自觉配合居民身份证核查，依法维护自身合法权益。

六、国家机关或者有关单位的工作人员在履行职责或者提供服务过程中，应当当场核查居民身份证的人、证一致性，不得擅自记录居民身份证记载的公民个人信息。

七、国家机关或者有关单位及其工作人员不得擅自复印、扫描居民身份证，不得扣留或者抵押公民的居民身份证。公民应当坚决抵制擅自复印、扫描居民身份证或者扣押居民身份证的行为。

八、国家机关或者有关单位应当建立健全公民个人信息安全管理制度，对在履行职责或者提供服务过程中获得的居民身份证记载的公民个人信息严格保密。对单位内部建立的公民个人信息存储系统，要严格设定查询权限，严格控制知悉范围；要强化技术防护措施，严防信息泄露或者被窃取。

九、国家机关或者有关单位要建立不良信用记录人员"黑名单"制度，对冒用他人居民身份证的个人，要列入不良信用记录"黑名单"库，并建立信息共享机制，在履行职责或者提供服务时进行必要限制，推动落实联合惩戒机制。

十、欢迎广大群众积极向公安机关和有关主管部门检举伪造、变造、买卖、冒用居民身份证以及泄露、窃取、买卖、冒用公民个人信息等违法犯罪行为，公安机关将依法予以严厉打击。

本公告自发布之日起实施。

二〇一六年七月十五日

关于建立居民身份证异地受理挂失申报和丢失招领制度的意见

（2015年11月12日公安部发布）

自1985年实施居民身份证制度以来，居民身份证的应用越来越广泛，在便利公民参与政治、经济、文化、社会活动，保障公民合法权益，维护社会秩序，促进经济发展等方面发挥了越来越重要的作用。当前，随着社会动态化、信息化的加快发展，居民身份证管理也出现了一些不容忽视的问题，长期外出工作、学习、生活的群众居民身份证有效期满换领或丢失、被盗补领回户籍所在地办理不方便，丢失居民身份证挂失缺乏渠道，居民身份证丢失、被盗存在被冒用的安全隐患。为适应经济社会发展的新要求和群众新期待，切实解决居民身份证管理中存在的突出问题，需要充分发挥制度优势，着力改革运行机制，依托公安机关建成的全国人口信息管理系统，建立居民身份证异地受理、挂失申报和丢失招领制度。现提出以下意见：

一、总体要求

（一）指导思想。深入贯彻落实党的十八大和十八届三中、四中、五中全会精神，按照中央《关于全面深化公安改革若干重大问题的框架意见》的部署要求，坚持以问题为导向，以改革为动力，以法律为依据，以信息化为支撑，建立居民身份证异地受理、挂失申报和丢失招领制度，完善机制，堵塞漏洞，为群众办理居民身份证提供更多的便利，为居民身份证社会应用创造更安全的环境，切实维护社会公共利益和公民合法权益。

（二）基本原则。立足我国人口大国的基本国情，充分考虑各地人口集聚和服务管理工作实际情况，分步实施，有序推进；发挥公安机关人口服务管理信息化优势，让信息多跑路、让群众少跑腿，方便群众异地换领、补领居民身份证和挂失申报、丢失招领，不断满足用证部门和单位身份信息核查的需求；严密操作规程，严把身份核验关，防止冒领、骗领居民身份证及冒名挂失等问题发生，确保居民身份证异地受理、挂失申报和丢失招领工作安全可控，确保公民个人信息安全。

（三）工作目标。大力推进人口信息管理技术创新，拓展人口信息系统应用，依托部级人口管理业务支撑信息平台、全国居民身份证信息数据库和居民身份证异地受理、挂失申报和丢失招领系统，加快建立居民身份证异地受理、挂失申报和丢失招领制度，提高工作效率和水平，逐步实现居民身份证办理经济便利、使用高效安全。2015年7月1日，部署天津与河南、江苏与安徽、浙江与江西、重庆与四川、湖北与湖南10省、市开展居民身份证异地受理一对一试点；建设居民身份证异地受理、挂失申报和丢失招领系统，加载居民身份证挂失信息，逐步向社会各部门提供核查服务；组织实施居民身份证丢失招领工作。2016年7月1日，在10省、市试点基础上，部署全国大中城市和有条件的县（市）开展居民身份证异地受理试点工作。2017年7月1日，全面实施居民身份证异地受理、挂失申报和丢失招领工作。

二、重点任务

（一）建立居民身份证异地受理制度

1. 实行居民身份证换领、补领异地受理。根据《居民身份证法》的有关规定，改革现行居民身份证办理机制，对离开常住户口所在地到其他省（自治区、直辖市）合法稳定就业、就学、居住的公民，申请换领、补领居民身份证，由其常住户口所在地公安机关委托现居住地公安机关受理。

2. 合理设立异地受理点。根据当地流动人口数量、分布和地域情况，由市（县）公安机关确定户政办证大厅和部分户籍派出所为居民身份证换领、补领异地受理点，并向社会公布。

3. 提高异地受理工作效率。公民本人到居民身份证异地受理点申请换领、补领居民身份证，填写《居民身份证异地受理登记表》。申请换领的，交验居民身份证；申请补领的，交验居民户口簿或居住证，由公安机关查询全国居民身份证挂失申报系统和全国捡拾居民身份证信息库核实。对符合规定的，公安机关应当当场受理；对申请材料不全的，应当一次性告知群众所需补齐的材料。

4. 规范证件制发程序。异地受理点受理居民身份证换领、补领申请后，应当及时将受理信息传送至申请人常住户口所在地公安机关，常住户口所在地县级公安机关要及时审核签发。受理地公安机关接到经审核签发的制证信息后，在法定时限内完成证件制作与核验发放，申请人凭领证回执到异地受理点领取证件。换领证件的，领取新证时应当交回原证。公安机关应当自公民提交《居民身份证异地受理登记表》之日起六十日内发放居民身份证；交通不便地区，办理时间可以适当延长，但延长时间不得超过三十日；有条件的地方，可以根据实际情况缩短制发证周期。

5. 严格身份信息核验。公安机关应当严格落实身份信息核验制度，认真核验申请人与人口系统中身份信息是否一致，对因相貌特征发生较大变化，且居民身份证未登记指纹信息难以确认身份的，不予受理居民身份证异地办理申请。

6. 建立不良信用记录人员不予受理制度。对伪造、变造、买卖、冒领、骗领、冒用居民户口簿、居民身份证、护照、驾驶证和买卖、使用伪造的居民户口簿、居民身份证、护照、驾驶证等国家机关证件人员，不予受理居民身份证异地办理申请；对国家信用信息共享交换平台推送的不良信用记录人员，不予受理居民身份证异地办理申请。

7. 严格执行工本费收费标准。公民异地申请换领、补领居民身份证，向受理地公安机关缴纳证件工本费。居民身份证工本费收费标准严格执行《国家发展改革委、财政部关于居民身份证收费标准及有关问题的通知》（发改价格〔2003〕2322号）规定，公安机关不得额外收取其他费用。

8. 提供临时身份证明服务。对因丢失、被盗或忘记携带居民身份证急需登机、乘火车、住旅馆人员，机场、火车站派出所和旅馆辖区派出所通过查询全国人口信息系统核准人员身份，及时为其开具临时身份证明，用于当次乘机、乘火车和入住旅馆。

（二）建立居民身份证挂失申报制度

1. 就近办理居民身份证挂失申报。全国公安机关户籍派出所、办证大厅受理公民居民身份证挂失申报。公民居民身份证丢失、被盗的，可持居民户口簿到常住户口所在地公安机关申报挂失并办理补领手续；离开常住户口所在地的，可到就近的户籍派出所或者办证大厅申报挂失。符合居民身份证异地受理条件的，可在异地受理点办理补领手续。

2. 规范居民身份证挂失申报程序。居民身份证挂失申报由本人提出申请，填写《居民身份证挂失申报登记表》。公安机关应当核验公民的身份信息，核实的应当当场受理。申报挂失的居民身份证已登记指纹信息的，应当现场比对指纹信息。

3. 提供挂失信息核查服务。公安机关要加快建立居民身份证挂失申报信息系统，加强数据维护和信息更新，通过公安部部门间信息共享与服务平台和全国人口信息社会应用平台，为社会各用证部门和单位提供居民身份证挂失信息核查服务。

4. 严格落实居民身份证核查责任。公安机关应当督促和指导相关用证部门和单位严格落实居民身份证核查责任，严防冒用他人居民身份证问题发生。不依法履行核查义务致使公民合法权益或公共利益遭受损害的，应当依照有关规定追究责任；发现冒用他人居民身份证的，应当及时报告公安机关。

（三）建立居民身份证丢失招领制度

1. 设立丢失招领窗口。在全国公安派出所、户政办证大厅设立居民身份证丢失招领窗口，负责接收群众捡拾到的丢失居民身份证，统一录入全国捡拾居民身份证信息库，为丢失居民身份证的群众提供查询服务。

2. 规范丢失招领程序。公安机关要积极引导群众主动上交捡拾到的居民身份证。对收到群众捡拾的丢失居民身份证，经核实已补领新证的，按规定销毁捡拾证件并做好登记。对未办理丢失补领手续的,应当向丢失招领系统输入信息,有联系条件的要通知本人领取丢失证件。发还丢失居民身份证,公安机关应当核验领证人身份信息,拍照留存相关图像信息。

为切实保障军人合法权益,便利广大官兵工作、生活,现役军人和人民武装警察居民身份证的挂失申报和丢失招领按照以上工作流程开展。

三、组织实施

(一)加强组织领导。建立居民身份证异地受理、挂失申报和丢失招领制度,是全面深化公安改革的重要内容,是一项实实在在的便民利民服务举措,事关广大人民群众切身利益,事关国家治理体系和治理能力现代化。各地公安机关要充分认识做好这项工作的重要性、紧迫性,按照公安部的部署要求,加强组织领导,周密研究部署,明确职责任务,创新工作机制,努力为群众办理居民身份证提供便利,为群众安全使用居民身份证创造条件。

(二)落实工作保障。建立居民身份证异地受理、挂失申报和丢失招领制度涉及系统建设、设备配备、宣传发动等诸多工作,是一项复杂的系统工程,需要落实经费保障、人员保障和技术保障。各地公安机关要根据流动人口规模、基础设施建设现状、现有技术力量配备等实际情况,抓紧编制开展居民身份证异地受理、挂失申报和丢失招领工作经费预算,积极向党委、政府报告,争取经费装备支持。

(三)强化责任落实。各地公安机关要紧密结合本地实际,制定具体实施方案,明确任务目标、工作措施和方法步骤,把职责任务分解落实到每个具体岗位,确保每项工作、每个环节都有专人负责，做到一级抓一级、层层抓落实。要加强人员培训，熟练掌握具体工作要求和操作流程，确保各项工作高效、规范、平稳推进。对责任不落实、工作不力的，要严肃追究责任。

（四）加强宣传引导。要加大宣传力度，全面阐述建立居民身份证异地受理、挂失申报和丢失招领制度的重要意义，准确解读政策措施，积极回应群众关切。要总结推广各地工作中的好经验、好做法，真正把这项顺民意、惠民生的好事办好、实事办实。

现役军人和人民武装警察
居民身份证申领发放办法

中华人民共和国国务院
中华人民共和国中央军事委员会令
第 510 号

现公布《现役军人和人民武装警察居民身份证申领发放办法》,自 2008 年 1 月 1 日起施行。

国务院总理　温家宝
中央军委主席　胡锦涛
二〇〇七年十月二十一日

第一条　为了规范现役军人、人民武装警察居民身份证的申领和发放,依照《中华人民共和国居民身份证法》的有关规定,制定本办法。

第二条　现役军人、人民武装警察居民身份证的申领和发放,适用本办法。

第三条　现役军人、人民武装警察居民身份证登记项目包括:姓名、性别、民族、出生日期、长期固定住址、公民身份号码、本人相片、证件的有效期和签发机关。

第四条　现役军人、人民武装警察居民身份证登记项目内容,以本人档案记载内容和公安机关编制的公民身份号码为基础，由本人所在团级以上单位统一组织文字信息和人像信息的采集、录入、审核。

第五条 现役军人、人民武装警察申请领取、换领、补领居民身份证，应当填写《现役军人、人民武装警察居民身份证申领登记表》，由本人所在团级以上单位向本人长期固定住址所在地的县级人民政府公安机关代为申请。

第六条 现役军人、人民武装警察居民身份证由本人长期固定住址所在地的县级人民政府公安机关签发。

第七条 现役军人、人民武装警察申请领取、换领、补领居民身份证的，公安机关应当依照《中华人民共和国居民身份证法》第十二条第一款的规定办理。

第八条 现役军人、人民武装警察在服役前已经领取居民身份证，服役期间居民身份证仍在有效期内的，不再换领新证；但是，应当向其所在团级以上单位登记备案。

第九条 现役军人、人民武装警察申请领取临时居民身份证的，由本人所在团级以上单位代为申请；公安机关应当依照《中华人民共和国临时居民身份证管理办法》的规定办理。

第十条 军队、武装警察部队团级以上单位代现役军人、人民武装警察领取居民身份证、临时居民身份证后，应当及时发给本人。

第十一条 现役军人、人民武装警察从事有关社会活动，需要证明公民身份的，凭居民身份证证明；执行任务、办理公务、享受抚恤优待等，需要证明现役军人或者人民武装警察身份的，凭军队、武装警察部队制发的身份证件证明。

第十二条 军队、武装警察部队团级以上单位应当建立健全所属人员居民身份证的申领登记、备案等制度；在所属人员的本人档案中，应当载明其公民身份号码。

第十三条 公安机关、军队、武装警察部队及其有关人员，在现役军人、人民武装警察居民身份证申领和发放工作中，对所涉及的国家秘密和知悉的个人信息，应当予以保密。

第十四条 现役军人、人民武装警察有下列行为之一的，依照《中国人民解放军纪律条令》的有关规定，给予处分：

（一）使用虚假证明材料骗领居民身份证的；

（二）出租、出借、转让居民身份证的；

（三）非法扣押他人居民身份证的；

（四）冒用他人居民身份证或者使用骗领的居民身份证的；

（五）购买、出售、使用伪造、变造的居民身份证的。

对伪造、变造的居民身份证和骗领的居民身份证予以收缴。

第十五条 现役军人、人民武装警察伪造、变造居民身份证的，依法追究刑事责任。

现役军人、人民武装警察有本办法第十四条所列行为之一，从事犯罪活动的，依法追究刑事责任。

第十六条 军队、武装警察部队有关人员在现役军人、人民武装警察居民身份证申领和发放工作中有下列行为之一的，依照《中国人民解放军纪律条令》的有关规定，给予处分；构成犯罪的，依法追究刑事责任：

（一）对居民身份证登记项目审查不严，致使登记信息失实造成严重后果的；

（二）利用办理居民身份证工作的便利，收受财物或者谋取其他利益的；

（三）故意提供居民身份证登记项目虚假信息的；

（四）泄露国家秘密或者个人信息的。

公安机关人民警察在现役军人、人民武装警察居民身份证申领和发放工作中有前款第（四）项行为的，依法给予处分；构成犯罪的，依法追究刑事责任。

第十七条 军队、武装警察部队管理的离休退休干部和待移交人民政府安置的离休退休干部、退休士官居民身份证的申领和发放，依照本办法执行。

第十八条 本办法自2008年1月1日起施行。

中华人民共和国临时居民身份证管理办法

中华人民共和国公安部令

第 78 号

《中华人民共和国临时居民身份证管理办法》已经 2005 年 4 月 21 日公安部部长办公会议通过，现予发布，自 2005 年 10 月 1 日起施行。

公安部部长
二零零五年六月七日

第一条 根据《中华人民共和国居民身份证法》第十二条的规定，制定本办法。

第二条 居住在中华人民共和国境内的中国公民，在申请领取换领、补领居民身份证期间，急需使用居民身份证的，可以申请领取临时居民身份证。

第三条 临时居民身份证具有证明公民身份的法律效力。

第四条 临时居民身份证式样为聚酯薄膜密封的单页卡式，证件采用国际通用标准尺寸，彩虹印刷，正面印有证件名称和长城图案背面登载公民本人黑白照片和身份项目。

第五条 临时居民身份证登记的项目包括：姓名、性别、民族、出生日期、常住户口所在地住址、公民身份号码、本人相片、证件的有效期和签发机关。

第六条 临时居民身份证使用规范汉字和符合国家标准的数字符号填写。

民族自治地方的自治机关根据本地区的实际情况，可以决定同时使用实行区域自治的民族的文字或者选用一种当地通用的文字。

第七条 临时居民身份证的有效期限为三个月，有效期限自签发之日起计算。

第八条 临时居民身份证由县级人民政府公安机关统一制发、管理。

第九条 具备本办法第二条规定条件的公民，可以向常住户口所在地的公安派出所申请领取临时居民身份证。

未满十六周岁的公民，由监护人代为申领临时居民身份证。

第十条 临时居民身份证由公民常住户口所在地的县级人民政府公安机关签发。

第十一条 公民申领临时居民身份证，应当交验居民户口簿、本人近期一寸免冠黑白相片，并在其《居民身份证申领登记表》中加以注明。

第十二条 公民申请领取、换领、补领临时居民身份证时，公安机关应当按照本办法的规定及时办理，并在收到申请后的三日内将临时居民身份证发给申领人。

第十三条 领取了临时居民身份证的公民在领取居民身份证时，应当交回临时居民身份证。

第十四条 公民从事有关活动，需要证明身份的，有权使用临时居民身份证证明身份。有关单位及其工作人员不得拒绝。

第十五条 人民警察依法执行职务，有权依照《中华人民共和国居民身份证法》第十五条的规定，查验公民的临时居民身份证，被查验的公民不得拒绝。

第十六条 违反本规定的，依照《中华人民共和国居民身份证法》第四章的有关规定予以处罚。

第十七条 公民申请领取、换领、补领临时居民身份证，应当缴纳证件工本费。临时居民身份证工本费标准，由公安部会同国务院价格主管部门、财政部门核定。

公安机关收取的临时居民身份证工本费，全部上缴国库。

第十八条 对公民交回和收缴的临时居民身份证，公安机关应当登记后销毁。

第十九条 本办法自2005年10月1日起施行，公安部1989年9月15日发布的《临时身份证管理暂行规定》同时废止。

电话用户真实身份信息登记规定

中华人民共和国工业和信息化部令

第 25 号

《电话用户真实身份信息登记规定》已经 2013 年 6 月 28 日中华人民共和国工业和信息化部第 2 次部务会议审议通过,现予公布,自 2013 年 9 月 1 日起施行。

工业和信息化部部长

2013 年 7 月 16 日

第一条 为了规范电话用户真实身份信息登记活动,保障电话用户和电信业务经营者的合法权益,维护网络信息安全,促进电信业的健康发展,根据《全国人民代表大会常务委员会关于加强网络信息保护的决定》和《中华人民共和国电信条例》,制定本规定。

第二条 中华人民共和国境内的电话用户真实身份信息登记活动,适用本规定。

第三条 本规定所称电话用户真实身份信息登记,是指电信业务经营者为用户办理固定电话、移动电话(含无线上网卡,下同)等入网手续,在与用户签订协议或者确认提供服务时，如实登记用户提供的真实身份信息的活动。

本规定所称入网，是指用户办理固定电话装机、移机、过户，移动电话开户、过户等。

第四条 工业和信息化部和各省、自治区、直辖市通信管理局（以下统称电信管理机构）依法对电话用户真实身份信息登记工作实施监督管理。

第五条 电信业务经营者应当依法登记和保护电话用户办理入网手续时提供的真实身份信息。

第六条 电信业务经营者为用户办理入网手续时，应当要求用户出示有效证件、提供真实身份信息，用户应当予以配合。

用户委托他人办理入网手续的，电信业务经营者应当要求受托人出示用户和受托人的有效证件，并提供用户和受托人的真实身份信息。

第七条 个人办理电话用户真实身份信息登记的，可以出示下列有效证件之一：

（一）居民身份证、临时居民身份证或者户口簿；

（二）中国人民解放军军人身份证件、中国人民武装警察身份证件；

（三）港澳居民来往内地通行证、台湾居民来往大陆通行证或者其他有效旅行证件；

（四）外国公民护照；

（五）法律、行政法规和国家规定的其他有效身份证件。

第八条 单位办理电话用户真实身份信息登记的，可以出示下列有效证件之一：

（一）组织机构代码证；

（二）营业执照；

（三）事业单位法人证书或者社会团体法人登记证书；

（四）法律、行政法规和国家规定的其他有效证件或者证明文件。

单位办理登记的，除出示以上证件之一外，还应当出示经办人的有效证件和单位的授权书。

第九条　电信业务经营者应当对用户出示的证件进行查验，并如实登记证件类别以及证件上所记载的姓名（名称）、号码、住址信息；对于用户委托他人办理入网手续的，应当同时查验受托人的证件并登记受托人的上述信息。

为了方便用户提供身份信息、办理入网手续，保护用户的合法权益，电信业务经营者复印用户身份证件的，应当在复印件上注明电信业务经营者名称、复印目的和日期。

第十条　用户拒绝出示有效证件，拒绝提供其证件上所记载的身份信息，冒用他人的证件，或者使用伪造、变造的证件的，电信业务经营者不得为其办理入网手续。

第十一条　电信业务经营者在向电话用户提供服务期间及终止向其提供服务后两年内，应当留存用户办理入网手续时提供的身份信息和相关材料。

第十二条　电信业务经营者应当建立健全用户真实身份信息保密管理制度。

电信业务经营者及其工作人员对在提供服务过程中登记的

用户真实身份信息应当严格保密，不得泄露、篡改或者毁损，不得出售或者非法向他人提供，不得用于提供服务之外的目的。

第十三条　电话用户真实身份信息发生或者可能发生泄露、毁损、丢失的，电信业务经营者应当立即采取补救措施；造成或者可能造成严重后果的，应当立即向相关电信管理机构报告，配合相关部门进行的调查处理。

电信管理机构应当对报告或者发现的可能违反电话用户真实身份信息保护规定的行为的影响进行评估；影响特别重大的，相关省、自治区、直辖市通信管理局应当向工业和信息化部报告。电信管理机构在依据本规定作出处理决定前，可以要求电信业务经营者暂停有关行为，电信业务经营者应当执行。

第十四条　电信业务经营者委托他人代理电话入网手续、登记电话用户真实身份信息的，应当对代理人的用户真实身份信息登记和保护工作进行监督和管理，不得委托不符合本规定有关用户真实身份信息登记和保护要求的代理人代办相关手续。

第十五条　电信业务经营者应当对其电话用户真实身份信息登记和保护情况每年至少进行一次自查，并对其工作人员进行电话用户真实身份信息登记和保护相关知识、技能和安全责任培训。

第十六条　电信管理机构应当对电信业务经营者的电话用户真实身份信息登记和保护情况实施监督检查。电信管理机构实施监督检查时，可以要求电信业务经营者提供相关材料，进入其生产经营场所调查情况，电信业务经营者应当予以配合。

电信管理机构实施监督检查，应当记录监督检查的情况，不得妨碍电信业务经营者正常的经营或者服务活动，不得收取任何费用。

电信管理机构及其工作人员对在实施监督检查过程中知悉的电话用户真实身份信息应当予以保密，不得泄露、篡改或者毁损，不得出售或者非法向他人提供。

第十七条 电信业务经营者违反本规定第六条、第九条至第十五条的规定，或者不配合电信管理机构依照本规定开展的监督检查的，由电信管理机构依据职权责令限期改正，予以警告，可以并处一万元以上三万元以下罚款，向社会公告。其中，《中华人民共和国电信条例》规定法律责任的，依照其规定处理；构成犯罪的，依法追究刑事责任。

第十八条 用户以冒用、伪造、变造的证件办理入网手续的，电信业务经营者不得为其提供服务，并由相关部门依照《中华人民共和国居民身份证法》、《中华人民共和国治安管理处罚法》、《现役军人和人民武装警察居民身份证申领发放办法》等规定处理。

第十九条 电信管理机构工作人员在对电话用户真实身份信息登记工作实施监督管理的过程中玩忽职守、滥用职权、徇私舞弊的，依法给予处理；构成犯罪的，依法追究刑事责任。

第二十条 电信业务经营者应当通过电话、短信息、书面函件或者公告等形式告知用户并采取便利措施，为本规定施行前尚未提供真实身份信息或者所提供身份信息不全的电话用户补办登记手续。

电信业务经营者为电话用户补办登记手续，不得擅自加重用户责任。

电信业务经营者应当在向尚未提供真实身份信息的用户确认提供服务时，要求用户提供真实身份信息。

第二十一条 本规定自2013年9月1日起施行。

关于加强生活无着流浪乞讨人员身份
查询和照料安置工作的意见

民发〔2015〕158号

各省、自治区、直辖市民政厅（局）、公安厅（局），新疆生产建设兵团民政局、公安局：

　　自2003年实施救助管理制度以来，各地认真贯彻落实相关法律法规，有效维护了生活无着流浪、乞讨人员（以下简称"流浪乞讨人员"）基本权益。为进一步加强流浪乞讨人员身份查询和照料安置工作，切实维护其合法权益，制定本意见。

　　一、加强流浪乞讨人员身份查询工作

　　各地民政部门和公安机关应当按照职责分工，建立流浪乞讨人员身份快速查询机制、寻亲服务机制和滞留人员身份查询长效机制，帮助其及时回归家庭。

　　（一）建立身份快速查询机制。公安机关发现流浪乞讨人员的，应当告知其向救助管理机构求助。对其中的残疾人、未成年人、老年人和行动不便的其他人员，应当引导、护送到救助管理机构；对突发疾病人员，应当立即通知急救机构进行救治；对疑似走失、被遗弃、被拐卖的流浪乞讨人员，应当及时通过调取监控录像、走访当地群众、比对公安机关走失人口库和人口信息管理系统、发布协查通报等方式，及时核查其身份信息。公安机关护送流浪乞讨人员来站求助的，应当配合救助管理机构办理交接手续，形成《公安机关护送流浪乞讨人员交接表》(见附件1)。

对无法提供个人信息的受助人员,救助管理机构应当通过受助人员指纹、体貌特征等线索,及时查询比对全国救助管理信息系统中的救助信息和寻亲信息。受助人员在站期间被发现有疑似走失、被遗弃、被拐卖情形的,救助管理机构应当及时向公安机关报案,将受助人员体貌特征、发现经过等情况告知公安机关。救助管理机构报请当地公安机关协助核查受助人员身份信息的,公安机关应当及时受理、答复。

(二)建立寻亲服务机制。对经快速查询未能确认身份的受助人员,救助管理机构应当在其入站后24小时内通过广播、电视、报纸、全国救助管理信息系统、全国救助寻亲网站等适当形式发布寻亲公告,公布受助人员照片等基本信息,并在其入站后7个工作日内报请公安机关采集DNA数据。公安机关应当在收到报告后一个月内免费采集、录入全国打拐DNA信息库,并将比对结果反馈救助管理机构。对当前已经滞留在站的受助人员,救助管理机构应当尽快报请公安机关采集DNA数据,公安机关应当及时组织免费采集,录入全国打拐DNA信息库比对,并将比对结果反馈救助管理机构。

公安机关应当依法受理家人走失报案信息,及时发布内部协查通报,并通报救助管理机构,同时提示报案人可前往救助管理机构查找。救助管理机构应当将公安机关通报信息与站内受助人员信息进行查询比对,及时将查询结果反馈公安机关,同时为来站寻亲人员提供查询便利和帮助。

(三)建立身份查询长效机制。对经快速查询和寻亲服务后仍无法查明身份信息的滞留人员,救助管理机构应当经常与其接触、交流，采集其叙述内容，分析地名、人名、口音等关键信息并及时甄别核实。对交由托养机构照料或已纳入当地特困人员供养的滞留人员，救助管理机构应当继续开展或委托托养、供养机构协助开展身份查询工作。对有待核实的身份线索，救助管理机构可报请公安机关协助核查，公安机关应当及时核实确认。民政部门要建立滞留人员身份查询激励机制，对查询效果明显的人员或单位给予奖励。各地救助管理机构、公安机关应当加强沟通协作，共同做好滞留人员身份查询工作。

二、建立滞留人员多元化照料安置渠道

对于无法查明身份信息、在站救助时间超过10天的滞留人员，各地可根据当地救助管理工作实际情况，采取以下一种或多种方式予以妥善照料安置。

（一）开展站内照料服务。救助管理机构应当充分利用现有救助场所和设施设备，在站内开展照料服务。救助管理机构缺乏护理、康复等专业工作人员的，可以通过提供服务场所、开展项目合作、政府购买服务等方式引入专业护理机构，由其承担站内照料工作，形成救助管理机构负责提供工作场地、制定照料标准、规范服务程序、考核服务质量等监督、管理工作，专业护理机构负责提供生活照料、日常护理、康复训练等具体照料服务的运行机制。对精神障碍患者、传染病人、危重病人等受助人员，救助管理机构应当按规定将其送当地定点医院救治、康复。

（二）开展站外托养服务。因现有设施设备不足、无法提供站内照料服务的，各地可根据滞留人员的年龄、智力、心理、生理状况，实施站外分类托养。各地可通过政府购买服务方式，委托符合条件的公办、民办福利机构或其他社会组织，为滞留人员提供生活照料等具体服务。各地要按照公开、公平、公正的原则，向社会公布购买服务的内容、程序、方式和参与条件，明确生活照料、医疗救治、日常护理、寻亲服务、档案保管等基本托养服务要求，通过公开招标等方式，审慎选择在资格资质、人员配置和设施设备等方面能满足滞留人员服务需求的托养机构并签订托养协议。

（三）纳入特困人员供养。对超过三个月仍无法查明身份信息的滞留人员，救助管理机构应当及时向所属民政部门提出安置申请，由民政部门提出安置方案，报同级人民政府予以安置。对安置后公安机关已办理户口登记手续、符合特困人员供养条件的流浪乞讨人员，民政部门要及时将其纳入特困人员供养范围，落实社会救助政策，协助其办理社会保险，并转移至当地政府设立的福利院、养老院、敬老院、精神病院等公办福利机构供养。当地无公办福利机构或公办福利机构床位资源不足的，可以委托其他民办福利机构供养。纳入特困人员供养的滞留人员身份查询确认后，由原救助管理机构联系其亲属或者流出地救助管理机构，协调接送返乡工作。

（四）做好滞留未成年人救助保护工作。对于暂时无法查明家庭情况的流浪乞讨等生活无着的未成年人，未成年人救助保护机构应当从有利于未成年人健康成长的角度，认真履行临时监护职责，通过提供站内照料、委托儿童福利机构抚养等方式，为其提供符合身心、年龄等特点的生活照料、康复训练等服务，不得将其托养至养老院、敬老院等成年人社会福利机构。民政部门要加强区域联动，在更大范围内实现资源共享，县级民政部门未设立未成年人救助保护机构或儿童福利机构的,要及时报请上级民政部门指定具备条件的未成年人救助保护机构、儿童福利机构照料。各地要依托社会工作服务机构、公益慈善组织、法律服务机构和志愿者等社会力量,为受助未成年人提供心理辅导、行为矫治、文化教育、技能培训、就业帮扶等服务。

三、保障措施

各地要充分认识做好流浪乞讨人员身份查询和照料安置工作的重要意义,充分发挥流浪乞讨人员救助管理制度在保障和改善民生中的积极作用,强化部门协作与资源整合,本着因地制宜、多措并举的原则,切实保障流浪乞讨人员合法权益。

(一)加强组织协调。各地要依托救助管理工作领导小组或联席会议机制,加强民政、公安、新闻宣传等有关单位的工作联动和信息共享,做好流浪乞讨人员身份查询、寻亲公告、户籍登记、就业就学、医疗救治等工作,要指导、督促乡镇人民政府(街道办事处)做好返乡流浪乞讨人员回归稳固工作。民政部门、公安机关要建立与媒体的常态化寻亲合作机制,在更大范围内为受助人员寻找家人。

(二)加强经费保障。各级民政部门要协调同级财政部门,建立稳定的滞留人员救助工作经费保障机制,并根据《中央财政流浪乞讨人员救助补助资金管理办法》(财社〔2014〕71号),将滞留人员情况纳入中央财政流浪乞讨人员救助补助资金分配参考因素。

(三)整合各方资源。各级民政部门要统筹规划,充分利用现有福利院、养老院、敬老院、精神病院等社会福利资源,对符合条件的滞留人员予以供养或托养。有条件的地方，可推动建立或改扩建救助安置场所，集中照料滞留人员。各地可就甄别查询、回归稳固、委托代养、落户安置等工作开展跨区域合作。

（四）加强评估监督。各地民政部门和救助管理机构要强化责任意识，认真履行身份查询、寻亲服务等救助程序。采取站外托养方式照料滞留人员的，民政部门和救助管理机构要建立定期检查制度，明确检查周期和检查内容，通过明查暗访、听取各方评价等多种方式，对托养机构服务质量、安全管理等情况进行经常性检查。发现问题的，要及时警示；对不适宜继续开展托养服务的托养机构，要及时终止托养协议。

（五）推进通报制度。各级民政部门、公安机关要逐步建立流浪乞讨人员身份查询和照料安置工作通报制度。对寻亲服务不及时、回归稳固工作不力、流浪乞讨问题严重，特别是未按《国务院办公厅关于加强和改进流浪未成年人救助保护工作的意见》（国办发〔2011〕39号）要求落实各项工作的地区予以通报批评；对积极开展寻亲救助服务、源头预防工作成效明显的地区予以通报表扬。

民政部　公安部
2015年8月20日

金融机构客户身份识别和客户身份资料及交易记录保存管理办法

中国人民银行 中国银行业监督管理委员会
中国证券监督管理委员会、中国保险监督管理委员会
〔2007〕第2号令

根据《中华人民共和国反洗钱法》等法律规定，中国人民银行、中国银行业监督管理委员会、中国证券监督管理委员会和中国保险监督管理委员会制定了《金融机构客户身份识别和客户身份资料及交易记录保存管理办法》，现予发布，自2007年8月1日起施行。

人民银行行长
银监会主席
证监会主席
保监会主席
二〇〇七年六月二十一日

第一章 总 则

第一条 为了预防洗钱和恐怖融资活动，规范金融机构客户身份识别、客户身份资料和交易记录保存行为，维护金融秩

序，根据《中华人民共和国反洗钱法》等法律、行政法规的规定，制定本办法。

第二条　本办法适用于在中华人民共和国境内依法设立的下列金融机构：

（一）政策性银行、商业银行、农村合作银行、城市信用合作社、农村信用合作社。

（二）证券公司、期货公司、基金管理公司。

（三）保险公司、保险资产管理公司。

（四）信托公司、金融资产管理公司、财务公司、金融租赁公司、汽车金融公司、货币经纪公司。

（五）中国人民银行确定并公布的其他金融机构。

从事汇兑业务、支付清算业务和基金销售业务的机构履行客户身份识别、客户身份资料和交易记录保存义务适用本办法。

第三条　金融机构应当勤勉尽责，建立健全和执行客户身份识别制度，遵循"了解你的客户"的原则，针对具有不同洗钱或者恐怖融资风险特征的客户、业务关系或者交易，采取相应的措施，了解客户及其交易目的和交易性质，了解实际控制客户的自然人和交易的实际受益人。

金融机构应当按照安全、准确、完整、保密的原则，妥善保存客户身份资料和交易记录，确保能足以重现每项交易，以提供识别客户身份、监测分析交易情况、调查可疑交易活动和查处洗钱案件所需的信息。

第四条　金融机构应当根据反洗钱和反恐怖融资方面的法律规定，建立和健全客户身份识别、客户身份资料和交易记录保存等方面的内部操作规程，指定专人负责反洗钱和反恐融资合规管理工作，合理设计业务流程和操作规范，并定期进行内部审计，评估内部操作规程是否健全、有效，及时修改和完善相关制度。

第五条 金融机构应当对其分支机构执行客户身份识别制度、客户身份资料和交易记录保存制度的情况进行监督管理。

金融机构总部、集团总部应对客户身份识别、客户身份资料和交易记录保存工作作出统一要求。

金融机构应要求其境外分支机构和附属机构在驻在国家（地区）法律规定允许的范围内，执行本办法的有关要求，驻在国家（地区）有更严格要求的，遵守其规定。如果本办法的要求比驻在国家（地区）的相关规定更为严格，但驻在国家（地区）法律禁止或者限制境外分支机构和附属机构实施本办法，金融机构应向中国人民银行报告。

第六条 金融机构与境外金融机构建立代理行或者类似业务关系时，应当充分收集有关境外金融机构业务、声誉、内部控制、接受监管等方面的信息，评估境外金融机构接受反洗钱监管的情况和反洗钱、反恐怖融资措施的健全性和有效性，以书面方式明确本金融机构与境外金融机构在客户身份识别、客户身份资料和交易记录保存方面的职责。

金融机构与境外金融机构建立代理行或者类似业务关系应当经董事会或者其他高级管理层的批准。

第二章 客户身份识别制度

第七条 政策性银行、商业银行、农村合作银行、城市信用合作社、农村信用合作社等金融机构和从事汇兑业务的机构，在以开立账户等方式与客户建立业务关系，为不在本机构开立账户的客户提供现金汇款、现钞兑换、票据兑付等一次性金融服务且交易金额单笔人民币1万元以上或者外币等值1000美元以上的，应当识别客户身份，了解实际控制客户的自然人和交易的实际受益人，核对客户的有效身份证件或者其他身份证明文件，登记客户身份基本信息，并留存有效身份证件或者其他身份证明文件的复印件或者影印件。

如客户为外国政要，金融机构为其开立账户应当经高级管理层的批准。

第八条　商业银行、农村合作银行、城市信用合作社、农村信用合作社等金融机构为自然人客户办理人民币单笔5万元以上或者外币等值1万美元以上现金存取业务的，应当核对客户的有效身份证件或者其他身份证明文件。

第九条　金融机构提供保管箱服务时，应了解保管箱的实际使用人。

第十条　政策性银行、商业银行、农村合作银行、城市信用合作社、农村信用合作社等金融机构和从事汇兑业务的机构为客户向境外汇出资金时，应当登记汇款人的姓名或者名称、账号、住所和收款人的姓名、住所等信息，在汇兑凭证或者相关信息系统中留存上述信息，并向接收汇款的境外机构提供汇款人的姓名或者名称、账号、住所等信息。汇款人没有在本金融机构开户，金融机构无法登记汇款人账号的，可登记并向接收汇款的境外机构提供其他相关信息，确保该笔交易的可跟踪稽核。境外收款人住所不明确的，金融机构可登记接收汇款的境外机构所在地名称。

接收境外汇入款的金融机构，发现汇款人姓名或者名称、汇款人账号和汇款人住所三项信息中任何一项缺失的，应要求境外机构补充。如汇款人没有在办理汇出业务的境外机构开立账户，接收汇款的境内金融机构无法登记汇款人账号的，可登记其他相关信息，确保该笔交易的可跟踪稽核。境外汇款人住所不明确的，境内金融机构可登记资金汇出地名称。

第十一条 证券公司、期货公司、基金管理公司以及其他从事基金销售业务的机构在办理以下业务时，应当识别客户身份，了解实际控制客户的自然人和交易的实际受益人，核对客户的有效身份证件或者其他身份证明文件，登记客户身份基本信息，并留存有效身份证件或者其他身份证明文件的复印件或者影印件：

（一）资金账户开户、销户、变更，资金存取等。

（二）开立基金账户。

（三）代办证券账户的开户、挂失、销户或者期货客户交易编码的申请、挂失、销户。

（四）与客户签订期货经纪合同。

（五）为客户办理代理授权或者取消代理授权。

（六）转托管，指定交易、撤销指定交易。

（七）代办股份确认。

（八）交易密码挂失。

（九）修改客户身份基本信息等资料。

（十）开通网上交易、电话交易等非柜面交易方式。

（十一）与客户签订融资融券等信用交易合同。

（十二）办理中国人民银行和中国证券监督管理委员会确定的其他业务。

第十二条 对于保险费金额人民币 1 万元以上或者外币等值 1000 美元以上且以现金形式缴纳的财产保险合同，单个被保险人保险费金额人民币 2 万元以上或者外币等值 2000 美元以上且以现金形式缴纳的人身保险合同，保险费金额人民币 20 万元以上或者外币等值 2 万美元以上且以转账形式缴纳的保险合同，保险公司在订立保险合同时，应确认投保人与被保险人的关系，核对投保人和人身保险被保险人、法定继承人以外的指定受益人的有效身份证件或者其他身份证明文件，登记投保人、被保险人、法定继承人以外的指定受益人的身份基本信息，并留存有效身份证件或者其他身份证明文件的复印件或者影印件。

第十三条 在客户申请解除保险合同时，如退还的保险费或者退还的保险单的现金价值金额为人民币 1 万元以上或者外币等值 1000 美元以上的，保险公司应当要求退保申请人出示保险合同原件或者保险凭证原件，核对退保申请人的有效身份证件或者其他身份证明文件，确认申请人的身份。

第十四条 在被保险人或者受益人请求保险公司赔偿或者给付保险金时，如金额为人民币 1 万元以上或者外币等值 1000 美元以上，保险公司应当核对被保险人或者受益人的有效身份证件或者其他身份证明文件，确认被保险人、受益人与投保人之间的关系，登记被保险人、受益人身份基本信息，并留存有效身份证件或者其他身份证明文件的复印件或者影印件。

第十五条 信托公司在设立信托时，应当核对委托人的有效身份证件或者其他身份证明文件，了解信托财产的来源，登记委托人、受益人的身份基本信息，并留存委托人的有效身份证件或者其他身份证明文件的复印件或者影印件。

第十六条　金融资产管理公司、财务公司、金融租赁公司、汽车金融公司、货币经纪公司、保险资产管理公司以及中国人民银行确定的其他金融机构在与客户签订金融业务合同时，应当核对客户的有效身份证件或者其他身份证明文件，登记客户身份基本信息，并留存有效身份证件或者其他身份证明文件的复印件或者影印件。

第十七条　金融机构利用电话、网络、自动柜员机以及其他方式为客户提供非柜台方式的服务时，应实行严格的身份认证措施，采取相应的技术保障手段，强化内部管理程序，识别客户身份。

第十八条　金融机构应按照客户的特点或者账户的属性，并考虑地域、业务、行业、客户是否为外国政要等因素，划分风险等级，并在持续关注的基础上，适时调整风险等级。在同等条件下，来自于反洗钱、反恐怖融资监管薄弱国家（地区）客户的风险等级应高于来自于其他国家（地区）的客户。

金融机构应当根据客户或者账户的风险等级，定期审核本金融机构保存的客户基本信息，对风险等级较高客户或者账户的审核应严于对风险等级较低客户或者账户的审核。对本金融机构风险等级最高的客户或者账户，至少每半年进行一次审核。

金融机构的风险划分标准应报送中国人民银行。

第十九条　在与客户的业务关系存续期间，金融机构应当采取持续的客户身份识别措施,关注客户及其日常经营活动、金融交易情况,及时提示客户更新资料信息。

对于高风险客户或者高风险账户持有人,金融机构应当了解其资金来源、资金用途、经济状况或者经营状况等信息,加强对其金融交易活动的监测分析。客户为外国政要的,金融机构应采取合理措施了解其资金来源和用途。

客户先前提交的身份证件或者身份证明文件已过有效期的,客户没有在合理期限内更新且没有提出合理理由的,金融机构应中止为客户办理业务。

第二十条 金融机构应采取合理方式确认代理关系的存在,在按照本办法的有关要求对被代理人采取客户身份识别措施时,应当核对代理人的有效身份证件或者身份证明文件,登记代理人的姓名或者名称、联系方式、身份证件或者身份证明文件的种类、号码。

第二十一条 除信托公司以外的金融机构了解或者应当了解客户的资金或者财产属于信托财产的,应当识别信托关系当事人的身份,登记信托委托人、受益人的姓名或者名称、联系方式。

第二十二条 出现以下情况时,金融机构应当重新识别客户:

(一)客户要求变更姓名或者名称、身份证件或者身份证明文件种类、身份证件号码、注册资本、经营范围、法定代表人或者负责人的。

(二)客户行为或者交易情况出现异常的。

(三)客户姓名或者名称与国务院有关部门、机构和司法机关依法要求金融机构协查或者关注的犯罪嫌疑人、洗钱和恐怖融资分子的姓名或者名称相同的。

（四）客户有洗钱、恐怖融资活动嫌疑的。

（五）金融机构获得的客户信息与先前已经掌握的相关信息存在不一致或者相互矛盾的。

（六）先前获得的客户身份资料的真实性、有效性、完整性存在疑点的。

（七）金融机构认为应重新识别客户身份的其他情形。

第二十三条　金融机构除核对有效身份证件或者其他身份证明文件外，可以采取以下的一种或者几种措施，识别或者重新识别客户身份：

（一）要求客户补充其他身份资料或者身份证明文件。

（二）回访客户。

（三）实地查访。

（四）向公安、工商行政管理等部门核实。

（五）其他可依法采取的措施。

银行业金融机构履行客户身份识别义务时，按照法律、行政法规或部门规章的规定需核对相关自然人的居民身份证的，应通过中国人民银行建立的联网核查公民身份信息系统进行核查。其他金融机构核实自然人的公民身份信息时，可以通过中国人民银行建立的联网核查公民身份信息系统进行核查。

第二十四条　金融机构委托其他金融机构向客户销售金融产品时，应在委托协议中明确双方在识别客户身份方面的职责，相互间提供必要的协助，相应采取有效的客户身份识别措施。

符合下列条件时，金融机构可信赖销售金融产品的金融机构所提供的客户身份识别结果，不再重复进行已完成的客户身份识别程序，但仍应承担未履行客户身份识别义务的责任：

（一）销售金融产品的金融机构采取的客户身份识别措施符合反洗钱法律、行政法规和本办法的要求。

（二）金融机构能够有效获得并保存客户身份资料信息。

第二十五条　金融机构委托金融机构以外的第三方识别客户身份的，应当符合下列要求：

（一）能够证明第三方按反洗钱法律、行政法规和本办法的要求，采取了客户身份识别和身份资料保存的必要措施。

（二）第三方为本金融机构提供客户信息，不存在法律制度、技术等方面的障碍。

（三）本金融机构在办理业务时，能立即获得第三方提供的客户信息，还可在必要时从第三方获得客户的有效身份证件、身份证明文件的原件、复印件或者影印件。

委托第三方代为履行识别客户身份的，金融机构应当承担未履行客户身份识别义务的责任。

第二十六条　金融机构在履行客户身份识别义务时，应当向中国反洗钱监测分析中心和中国人民银行当地分支机构报告以下可疑行为：

（一）客户拒绝提供有效身份证件或者其他身份证明文件的。

（二）对向境内汇入资金的境外机构提出要求后，仍无法完整获得汇款人姓名或者名称、汇款人账号和汇款人住所及其他相关替代性信息的。

（三）客户无正当理由拒绝更新客户基本信息的。

（四）采取必要措施后，仍怀疑先前获得的客户身份资料的真实性、有效性、完整性的。

（五）履行客户身份识别义务时发现的其他可疑行为。

金融机构报告上述可疑行为参照《金融机构大额交易和可疑交易报告管理办法》（中国人民银行令〔2006〕第2号发布）及相关规定执行。

第三章　客户身份资料和交易记录保存

第二十七条　金融机构应当保存的客户身份资料包括记载客户身份信息、资料以及反映金融机构开展客户身份识别工作情况的各种记录和资料。

金融机构应当保存的交易记录包括关于每笔交易的数据信息、业务凭证、账簿以及有关规定要求的反映交易真实情况的合同、业务凭证、单据、业务函件和其他资料。

第二十八条　金融机构应采取必要管理措施和技术措施，防止客户身份资料和交易记录的缺失、损毁，防止泄漏客户身份信息和交易信息。

金融机构应采取切实可行的措施保存客户身份资料和交易记录，便于反洗钱调查和监督管理。

第二十九条　金融机构应当按照下列期限保存客户身份资料和交易记录：

（一）客户身份资料，自业务关系结束当年或者一次性交易记账当年计起至少保存5年。

（二）交易记录，自交易记账当年计起至少保存5年。

如客户身份资料和交易记录涉及正在被反洗钱调查的可疑交易活动，且反洗钱调查工作在前款规定的最低保存期届满时仍未结束的，金融机构应将其保存至反洗钱调查工作结束。

同一介质上存有不同保存期限客户身份资料或者交易记录的，应当按最长期限保存。同一客户身份资料或者交易记录采用不同介质保存的，至少应当按照上述期限要求保存一种介质的客户身份资料或者交易记录。

法律、行政法规和其他规章对客户身份资料和交易记录有更长保存期限要求的，遵守其规定。

第三十条 金融机构破产或者解散时，应当将客户身份资料和交易记录移交中国银行业监督管理委员会、中国证券监督管理委员会或者中国保险监督管理委员会指定的机构。

第四章　法律责任

第三十一条 金融机构违反本办法的，由中国人民银行按照《中华人民共和国反洗钱法》第三十一条、第三十二条的规定予以处罚；区别不同情形，向中国银行业监督管理委员会、中国证券监督管理委员会或者中国保险监督管理委员会建议采取下列措施：

（一）责令金融机构停业整顿或者吊销其经营许可证。

（二）取消金融机构直接负责的董事、高级管理人员和其他直接责任人员的任职资格、禁止其从事有关金融行业的工作。

（三）责令金融机构对直接负责的董事、高级管理人员和其他直接责任人员给予纪律处分。

中国人民银行县（市）支行发现金融机构违反本办法的，应当报告上一级中国人民银行分支机构，由上一级分支机构按照前款规定进行处罚或者提出建议。

第五章 附 则

第三十二条 保险公司在办理再保险业务时，履行客户身份识别义务不适用本办法。

第三十三条 本办法下列用语的含义如下：

自然人客户的"身份基本信息"包括客户的姓名、性别、国籍、职业、住所地或者工作单位地址、联系方式，身份证件或者身份证明文件的种类、号码和有效期限。客户的住所地与经常居住地不一致的，登记客户的经常居住地。

法人、其他组织和个体工商户客户的"身份基本信息"包括客户的名称、住所、经营范围、组织机构代码、税务登记证号码；可证明该客户依法设立或者可依法开展经营、社会活动的执照、证件或者文件的名称、号码和有效期限；控股股东或者实际控制人、法定代表人、负责人和授权办理业务人员的姓名、身份证件或者身份证明文件的种类、号码、有效期限。

第三十四条 本办法由中国人民银行会同中国银行业监督管理委员会、中国证券监督管理委员会、中国保险监督管理委员会解释。

第三十五条 本办法自2007年8月1日起施行。

中华人民共和国户口登记条例

中华人民共和国户口登记条例

中华人民共和国主席令

(一届91次会议)

中华人民共和国户口登记条例已由中华人民共和国第一届全国人民代表大会常务委员会于1958年1月9日第九十一次会议通过，现予公布。

中华人民共和国主席　毛泽东
1958年1月9日

第一条　为了维持社会秩序，保护公民的权利和利益，服务于社会主义建设，制定本条例。

第二条　中华人民共和国公民，都应当依照本条例的规定履行户口登记。

现役军人的户口登记,由军事机关按照管理现役军人的有关规定办理。

居留在中华人民共和国境内的外国人和无国籍的人的户口登记,除法令另有规定外,适用本条例。

第三条 户口登记工作,由各级公安机关主管。

城市和设有公安派出所的镇,以公安派出所管辖区为户口管辖区;乡和不设公安派出所的镇,以乡、镇管辖区为户口管辖区。乡、镇人民委员会和公安派出所为户口登记机关。

居住在机关、团体、学校、企业、事业等单位内部和公共宿舍的户口,由各单位指定专人,协助户口登记机关办理户口登记;分散居住的户口,由户口登记机关直接办理户口登记。

居住在军事机关和军人宿舍的非现役军人的户口,由各单位指定专人,协助户口登记机关办理户口登记。

农业、渔业、盐业、林业、牧畜业、手工业等生产合作社的户口,由合作社指定专人,协助户口登记机关办理户口登记。合作社以外的户口,由户口登记机关直接办理户口登记。

第四条 户口登记机关应当设立户口登记簿。

城市、水上和设有公安派出所的镇,应当每户发给一本户口簿。

农村以合作社为单位发给户口簿;合作社以外的户口不发给户口簿。

户口登记簿和户口簿登记的事项,具有证明公民身份的效力。

第五条 户口登记以户为单位。同主管人共同居住一处的立为一户，以主管人为户主。单身居住的自立一户，以本人为户主。居住在机关、团体、学校、企业、事业等单位内部和公共宿舍的户口共立一户或者分别立户。户主负责按照本条例的规定申报户口登记。

第六条　公民应当在经常居住的地方登记为常住人口，一个公民只能在一个地方登记为常住人口。

第七条　婴儿出生后一个月以内，由户主、亲属、抚养人或者邻居向婴儿常住地户口登记机关申报出生登记。

弃婴，由收养人或者育婴机关向户口登记机关申报出生登记。

第八条　公民死亡，城市在葬前，农村在一个月以内，由户主、亲属、抚养人或者邻居向户口登记机关申报死亡登记，注销户口。公民如果在暂住地死亡，由暂住地户口登记机关通知常住地户口登记机关注销户口。

公民因意外事故致死或者死因不明，户主、发现人应当立即报告当地公安派出所或者乡、镇人民委员会。

第九条　婴儿出生后，在申报出生登记前死亡的，应当同时申报出生、死亡两项登记。

第十条　公民迁出本户口管辖区，由本人或者户主在迁出前向户口登记机关申报迁出登记，领取迁移证件，注销户口。

公民由农村迁往城市，必须持有城市劳动部门的录用证明，学校的录取证明，或者城市户口登记机关的准予迁入的证明，向常住地户口登记机关申请办理迁出手续。

公民迁往边防地区，必须经过常住地县、市、市辖区公安机关批准。

第十一条　被征集服现役的公民，在入伍前，由本人或者户主持应征公民入伍通知书向常住地户口登记机关申报迁出登记，注销户口，不发迁移证件。

第十二条　被逮捕的人犯，由逮捕机关在通知人犯家属的同时，通知人犯常住地户口登记机关注销户口。

第十三条　公民迁移，从到达迁入地的时候起，城市在三日以内，农村在十日以内，由本人或者户主持迁移证件向户口登记机关申报迁入登记，缴销迁移证件。

没有迁移证件的公民，凭下列证件到迁入地的户口登记机关申报迁入登记：

一、复员、转业和退伍的军人，凭县、市兵役机关或者团以上军事机关发给的证件；

二、从国外回来的华侨和留学生，凭中华人民共和国护照或者入境证件；

三、被人民法院、人民检察院或者公安机关释放的人，凭释放机关发给的证件。

第十四条　被假释、缓刑的犯人，被管制分子和其他依法被剥夺政治权利的人，在迁移的时候，必须经过户口登记机关转报县、市、市辖区人民法院或者公安机关批准，才可以办理迁出登记；到达迁入地后，应当立即向户口登记机关申报迁入登记。

第十五条　公民在常住地市、县范围以外的城市暂住三日以上的，由暂住地的户主或者本人在三日以内向户口登记机关申报暂住登记，离开前申报注销；暂住在旅店的，由旅店设置旅客登记簿随时登记。

公民在常住地市、县范围以内暂住，或者在常住地市、县范围以外的农村暂住，除暂住在旅店的由旅店设置旅客登记簿随时登记以外，不办理暂住登记。

第十六条　公民因私事离开常住地外出、暂住的时间超过三个月的，应当向户口登记机关申请延长时间或者办理迁移手续；既无理由延长时间又无迁移条件的，应当返回常住地。

第十七条　户口登记的内容需要变更或者更正的时候，由户主或者本人向户口登记机关申报；户口登记机关审查属实后予以变更或者更正。

户口登记机关认为必要的时候，可以向申请人索取有关变更或者更正的证明。

第十八条　公民变更姓名，依照下列规定办理：

一、未满十八周岁的人需要变更姓名的时候，由本人或者父母、收养人向户口登记机关申请变更登记；

二、十八周岁以上的人需要变更姓名的时候，由本人向户口登记机关申请变更登记。

第十九条　公民因结婚、离婚、收养、认领、分户、并户、失踪、寻回或者其他事由引起户口变动的时候，由户主或者本人向户口登记机关申报变更登记。

第二十条　有下列情形之一的，根据情节轻重，依法给予治安管理处罚或者追究刑事责任：

一、不按照本条例的规定申报户口的；

二、假报户口的；

三、伪造、涂改、转让、出借、出卖户口证件的；

四、冒名顶替他人户口的；

五、旅店管理人不按照规定办理旅客登记的。

第二十一条 户口登记机关在户口登记工作中，如果发现有反革命分子和其他犯罪分子，应当提请司法机关依法追究刑事责任。

第二十二条 户口簿、册、表格、证件，由中华人民共和国公安部统一制定式样，由省、自治区、直辖市公安机关统筹印制。

公民领取户口簿和迁移证应当缴纳工本费。

第二十三条 民族自治地方的自治机关可以根据本条例的精神，结合当地具体情况，制定单行办法。

第二十四条 本条例自公布之日起施行。

公安部关于城镇暂住人口
管理的暂行规定

公安部印发《公安部关于城镇暂住人口
管理的暂行规定》的通知
〔85〕公发 47 号

各省、自治区、直辖市公安厅、局:

　　现将《公安部关于城镇暂住人口管理的暂行规定》印发给你们,并就贯彻执行的有关问题通知如下:

　　一、对城镇暂住人口进行登记管理,是促进城乡经济发展,保障人民群众合法利益的需要,也是维护社会治安秩序的一项重要措施。各地公安机关一定要按照《公安部关于城镇暂住人口管理的暂行规定》(以下简称《暂行规定》)的要求,广泛深入地做好宣传工作,教育群众自觉遵守暂住人口登记制度,切实做好暂住人口管理工作。

　　二、加强对城镇暂住人口的登记、管理,重点是掌握控制违法犯罪人员,因《暂行规定》要登报公布,这类内容不便写入。各地要通过这项工作,注意发现违法犯罪人员和可疑情况,对符合列为重点人口条件的,要按照已有规定,及时列入重点人口管理。

　　三、暂住人口登记簿和《暂住证》、《寄住证》

— 57 —

的样式，由你们自行制定，公安部不统一印发。

四、各省、自治区、直辖市公安厅、局应根据《暂行规定》的精神，结合本地区的实际情况，制定具体实施办法。工作中的经验和遇到的问题请及时报告公安部。

1985年7月13日

随着我国经济体制改革和对外开放、对内搞活方针的贯彻实施，商品生产迅速发展，商品流通越来越活，地区之间、城乡之间的人口流动量越来越多。为了适应形势发展需要，方便群众生活，保障暂住人口的合法利益，维护社会秩序，现依照《中华人民共和国户口登记条例》规定的精神，对城镇暂住人口的管理暂作如下规定：

一、健全城市暂住人口管理制度。留宿暂住人口的单位和居民要严格执行户口登记条例的规定，做到来人登记，走人注销，公安派出所应进行严密管理。对留宿在单位内部的暂住人口，可由所在单位的人事、保卫部门负责登记管理，公安派出所负责督促检查。

对暂住时间拟超过三个月的十六周岁以上的人，须申领《暂住证》。对外来开店、办厂、从事建筑安装、联营运输、服务行业的暂住时间较长的人，采取雇用单位和常住户口所在地主管部门管理相结合的办法，按照户口登记机关的规定登记造册，由所在地公安派出所登记为寄住户口，发给《寄住证》。

二、建立集镇暂住人口登记管理制度。对本乡镇以外的人来集镇拟暂住三日以上的，由留宿暂住人口的户主或者本人向公安派出所或户籍办公室申报暂住登记，离开时申报注销。暂住拟超过三个月的十六周岁以上的人，须申领《暂住证》。对从事建筑、运输、包工等集体暂住时间较长的，由这些单位的负责人登记造册，及时报送公安派出所或户籍办公室，登记为寄住户口，发给《寄住证》。

城市、集镇凡领取《暂住证》、《寄住证》的，均须同时交纳工本费。

三、暂住人口需要租赁房屋，必须凭原单位或常住户口所在地乡镇人民政府的证明，由房主带领房客到当地公安派出所申报登记。对来历不明的人，房主不得擅自出租住房。

四、旅店业要严格执行旅客住宿登记制度。公安机关要加强监督、检查和治安管理。

五、正在劳动改造或劳动教养的人，因病因事请假回城暂住的，应凭所在劳动改造机关、劳动教养机关的证明，当日到住地户口登记机关申报暂住登记，离开时申报注销。

六、城乡居民和机关团体、企业事业单位以及各种经济组织都应自觉遵守和维护户口登记制度。

对违反暂住人口管理规定的，主管公安机关可按照《中华人民共和国治安管理处罚条例》的规定，视情节轻重，给予处罚。对窝藏、包庇犯罪分子的，依法严肃处理。

七、城镇公安派出所、户籍办公室，办理户口登记的工作人员对来申报登记的人要热情接待，随来随办，方便群众。

居住证暂行条例

中华人民共和国国务院令

第663号

《居住证暂行条例》已经2015年10月21日国务院第109次常务会议通过，现予公布，自2016年1月1日起施行。

总理　李克强

2015年11月26日

第一条　为了促进新型城镇化的健康发展，推进城镇基本公共服务和便利常住人口全覆盖，保障公民合法权益，促进社会公平正义，制定本条例。

第二条　公民离开常住户口所在地，到其他城市居住半年以上，符合有合法稳定就业、合法稳定住所、连续就读条件之一的，可以依照本条例的规定申领居住证。

第三条　居住证是持证人在居住地居住、作为常住人口享受基本公共服务和便利、申请登记常住户口的证明。

第四条　居住证登载的内容包括：姓名、性别、民族、出生日期、公民身份号码、本人相片、常住户口所在地住址、居住地住址、证件的签发机关和签发日期。

第五条　县级以上人民政府应当建立健全为居住证持有人

提供基本公共服务和便利的机制。县级以上人民政府发展改革、教育、公安、民政、司法行政、人力资源社会保障、住房城乡建设、卫生计生等有关部门应当根据各自职责，做好居住证持有人的权益保障、服务和管理工作。

第六条 县级以上人民政府应当将为居住证持有人提供基本公共服务和便利的工作纳入国民经济和社会发展规划，完善财政转移支付制度，将提供基本公共服务和便利所需费用纳入财政预算。

第七条 县级以上人民政府有关部门应当建立和完善人口信息库，分类完善劳动就业、教育、社会保障、房产、信用、卫生计生、婚姻等信息系统以及居住证持有人信息的采集、登记工作，加强部门之间、地区之间居住证持有人信息的共享，为推进社会保险、住房公积金等转移接续制度，实现基本公共服务常住人口全覆盖提供信息支持，为居住证持有人在居住地居住提供便利。

第八条 公安机关负责居住证的申领受理、制作、发放、签注等证件管理工作。

居民委员会、村民委员会、用人单位、就读学校以及房屋出租人应当协助做好居住证的申领受理、发放等工作。

第九条 申领居住证，应当向居住地公安派出所或者受公安机关委托的社区服务机构提交本人居民身份证、本人相片以及居住地住址、就业、就读等证明材料。

居住地住址证明包括房屋租赁合同、房屋产权证明文件、购房合同或者房屋出租人、用人单位、就读学校出具的住宿证明等；就业证明包括工商营业执照、劳动合同、用人单位出具的劳动关系证明或者其他能够证明有合法稳定就业的材料等；就读证明包括学生证、就读学校出具的其他能够证明连续就读的材料等。

未满16周岁的未成年人和行动不便的老年人、残疾人等，可以由其监护人、近亲属代为申领居住证。监护人、近亲属代为办理的，应当提供委托人、代办人的合法有效身份证件。

申请人及相关证明材料出具人应当对本条规定的证明材料的真实性、合法性负责。

对申请材料不全的，公安派出所或者受公安机关委托的社区服务机构应当一次性告知申领人需要补充的材料。

对符合居住证办理条件的，公安机关应当自受理之日起15日内制作发放居住证；在偏远地区、交通不便的地区或者因特殊情况，不能按期制作发放居住证的，设区的市级以上地方人民政府在实施办法中可以对制作发放时限作出延长规定，但延长后最长不得超过30日。

第十条 居住证由县级人民政府公安机关签发，每年签注1次。

居住证持有人在居住地连续居住的，应当在居住每满1年之日前1个月内，到居住地公安派出所或者受公安机关委托的社区服务机构办理签注手续。

逾期未办理签注手续的，居住证使用功能中止；补办签注手续的，居住证的使用功能恢复，居住证持有人在居住地的居住年限自补办签注手续之日起连续计算。

第十一条 居住证损坏难以辨认或者丢失的，居住证持有人应当到居住地公安派出所或者受公安机关委托的社区服务机构办理换领、补领手续。

居住证持有人换领新证时，应当交回原证。

第十二条　居住证持有人在居住地依法享受劳动就业，参加社会保险，缴存、提取和使用住房公积金的权利。县级以上人民政府及其有关部门应当为居住证持有人提供下列基本公共服务：

（一）义务教育；

（二）基本公共就业服务；

（三）基本公共卫生服务和计划生育服务；

（四）公共文化体育服务；

（五）法律援助和其他法律服务；

（六）国家规定的其他基本公共服务。

第十三条　居住证持有人在居住地享受下列便利：

（一）按照国家有关规定办理出入境证件；

（二）按照国家有关规定换领、补领居民身份证；

（三）机动车登记；

（四）申领机动车驾驶证；

（五）报名参加职业资格考试、申请授予职业资格；

（六）办理生育服务登记和其他计划生育证明材料；

（七）国家规定的其他便利。

第十四条　国务院有关部门、地方各级人民政府及其有关部门应当积极创造条件，逐步扩大为居住证持有人提供公共服务和便利的范围，提高服务标准，并定期向社会公布居住证持有人享受的公共服务和便利的范围。

第十五条　居住证持有人符合居住地人民政府规定的落户条件的，可以根据本人意愿，将常住户口由原户口所在地迁入居住地。

第十六条　居住地人民政府应当根据下列规定确定落户条件：

（一）建制镇和城区人口50万以下的小城市的落户条件为在城市市区、县人民政府驻地镇或者其他建制镇有合法稳定住所。

（二）城区人口50万至100万的中等城市的落户条件为在城市有合法稳定就业并有合法稳定住所，同时按照国家规定参加城镇社会保险达到一定年限。其中，城市综合承载能力压力小的地方，可以参照建制镇和小城市标准，全面放开落户限制；城市综合承载能力压力大的地方，可以对合法稳定就业的范围、年限和合法稳定住所的范围、条件等作出规定，但对合法稳定住所不得设置住房面积、金额等要求，对参加城镇社会保险年限的要求不得超过3年。

（三）城区人口100万至500万的大城市的落户条件为在城市有合法稳定就业达到一定年限并有合法稳定住所，同时按照国家规定参加城镇社会保险达到一定年限，但对参加城镇社会保险年限的要求不得超过5年。其中，城区人口300万至500万的大城市可以对合法稳定就业的范围、年限和合法稳定住所的范围、条件等作出规定，也可结合本地实际，建立积分落户制度。

（四）城区人口500万以上的特大城市和超大城市应当根据城市综合承载能力和经济社会发展需要，以具有合法稳定就业和合法稳定住所、参加城镇社会保险年限、连续居住年限等为主要指标，建立完善积分落户制度。

第十七条 国家机关及其工作人员对在工作过程中知悉的居住证持有人个人信息，应当予以保密。

第十八条 有下列行为之一的，由公安机关给予警告、责令改正，处200元以下罚款，有违法所得的，没收违法所得：

（一）使用虚假证明材料骗领居住证；

（二）出租、出借、转让居住证；

（三）非法扣押他人居住证。

第十九条 有下列行为之一的，由公安机关处200元以上1000元以下罚款，有违法所得的，没收违法所得：

（一）冒用他人居住证或者使用骗领的居住证；

（二）购买、出售、使用伪造、变造的居住证。

伪造、变造的居住证和骗领的居住证，由公安机关予以收缴。

第二十条 国家机关及其工作人员有下列行为之一的，依法给予处分；构成犯罪的，依法追究刑事责任：

（一）符合居住证申领条件但拒绝受理、发放；

（二）违反有关规定收取费用；

（三）利用制作、发放居住证的便利，收受他人财物或者谋取其他利益；

（四）将在工作中知悉的居住证持有人个人信息出售或者非法提供给他人；

（五）篡改居住证信息。

第二十一条 首次申领居住证，免收证件工本费。换领、补领居住证，应当缴纳证件工本费。办理签注手续不得收取费用。

具体收费办法由国务院财政部门、价格主管部门制定。

第二十二条　设区的市级以上地方人民政府应当结合本行政区域经济社会发展需要及落户条件等因素，根据本条例制定实施办法。

第二十三条　本条例自2016年1月1日起施行。本条例施行前各地已发放的居住证，在有效期内继续有效。

附 录

国务院办公厅关于解决无户口人员登记户口问题的意见

国办发〔2015〕96号

各省、自治区、直辖市人民政府，国务院各部委、各直属机构：

依法登记户口是法律赋予公民的一项基本权利，事关社会公平正义，事关社会和谐稳定。党中央、国务院高度重视户口登记管理工作，近年来对加强户口登记管理、解决无户口人员登记户口等问题多次提出明确要求。按照党中央、国务院决策部署，全国公安机关会同有关部门下大力气解决无户口人员登记户口问题，取得明显成效。但是，由于一些地方和部门还存在政策性障碍等因素，部分公民无户口的问题仍然比较突出，不利于保护公民合法权益，并直接影响国家新型户籍制度的建立完善。为解决无户口人员登记户口问题，经国务院同意，现提出如下意见。

一、总体要求

（一）指导思想。深入贯彻党的十八大和十八届三中、四中、五中全会精神，按照党中央、国务院同意的《关于全面深化公安改革若干重大问题的框架意见》要求，坚持以问题为导向、以改革为动力，着力解决无户口人员登记户口问题，为推进公安改革、创新人口服务管理和构建新型户籍制度奠定坚实基础，更好地服务和保障民生、促进社会公平正义、推进国家治理体系和治理能力现代化建设。

（二）基本原则。坚持依法办理，切实维护每个公民依法登记户口的合法权益；坚持区别情况，分类实施无户口人员登记户口政策；坚持综合配套，将解决无户口人员登记户口问题与健全完善计划生育、收养登记、流浪乞讨救助、国籍管理等相关领域政策统筹考虑、协同推进。

（三）任务目标。进一步完善户口登记政策，禁止设立不符合户口登记规定的任何前置条件；加强户口登记管理，全面解决无户口人员登记户口问题，切实保障每个公民依法登记一个常住户口，努力实现全国户口和公民身份号码准确性、唯一性、权威性的目标。

二、依法为无户口人员登记常住户口

（一）不符合计划生育政策的无户口人员。政策外生育、非婚生育的无户口人员，本人或者其监护人可以凭《出生医学证明》和父母一方的居民户口簿、结婚证或者非婚生育说明，按照随父随母落户自愿的政策，申请办理常住户口登记。申请随父落户的非婚生育无户口人员，需一并提供具有资质的鉴定机构出具的亲子鉴定证明。

（二）未办理《出生医学证明》的无户口人员。在助产机构内出生的无户口人员，本人或者其监护人可以向该助产机构申领《出生医学证明》；在助产机构外出生的无户口人员，本人或者其监护人需提供具有资质的鉴定机构出具的亲子鉴定证明，向拟落户地县级卫生计生行政部门委托机构申领《出生医学证明》。无户口人员或者其监护人凭《出生医学证明》和父母一方的居民户口簿、结婚证或者非婚生育说明，申请办理常住户口登记。

（三）未办理收养手续的事实收养无户口人员。未办理收养登记的事实收养无户口人员，当事人可以向民政部门申请按照规定办理收养登记，凭申领的《收养登记证》、收养人的居民户口簿，申请办理常住户口登记。1999年4月1日《全国人民代表大会常务委员会关于修改〈中华人民共和国收养法〉的决定》施行前，国内公民私自收养子女未办理收养登记的，当事人可以按照规定向公证机构申请办理事实收养公证，经公安机关调查核实尚未办理户口登记的，可以凭事实收养公证书、收养人的居民户口簿，申请办理常住户口登记。

（四）被宣告失踪或者宣告死亡后户口被注销人员。被人民法院依法宣告失踪或者宣告死亡后重新出现的人员，本人或者其监护人可以凭人民法院撤销宣告失踪（死亡）的生效判决书，申请恢复常住户口登记。

（五）农村地区因婚嫁被注销原籍户口的人员。农村地区因婚嫁被注销原籍户口的人员，经公安机关调查核实未在其他地方落户的，可以在原户口注销地申请恢复常住户口登记。恢复常住户口登记后，符合现居住地落户条件的，可以办理户口迁移登记。

（六）户口迁移证件遗失或者超过有效期限造成的无户口人员。户口迁移证件遗失或者超过有效期限造成的无户口人员，可以向签发地公安机关申请补领、换领户口迁移证件，凭补领、换领的户口迁移证件办理户口迁移登记。不符合迁入地现行户口迁移政策的大中专院校毕业生，可以在原籍户口所在地申请恢复常住户口登记，其他人员可以在户口迁出地申请恢复常住户口登记。

（七）我国公民与外国人、无国籍人非婚生育的无户口人员。我国公民与外国人、无国籍人在国内非婚生育、未取得其他国家国籍的无户口人员，本人或者其具有我国国籍的监护人可以凭《出生医学证明》、父母的非婚生育说明、我国公民一方的居民户口簿，申请办理常住户口登记。未办理《出生医学证明》的，需提供具有资质的鉴定机构出具的亲子鉴定证明。

（八）其他无户口人员。其他原因造成的无户口人员，本人或者承担监护职责的单位和个人可以提出申请，经公安机关会同有关部门调查核实后，可办理常住户口登记。

三、切实抓好组织实施

（一）加强组织领导。各地区、各有关部门要从全局和战略的高度，充分认识做好无户口人员落户工作的重要性、紧迫性，切实把思想和行动统一到本意见精神上来，加强组织领导，周密研究部署，细化政策措施，明确工作要求，确保各项政策落到实处，切实解决无户口人员登记户口问题。各省、自治区、直辖市人民政府要结合本地实际，出台具体实施办法，并向社会公布。

（二）认真核查办理。各地区要深入开展摸底调查，认真梳理本地区户口重点问题，摸清本行政区域内无户口人员底数及有关情况。要规范受理审批程序，严格工作要求，及时办理无户口人员户口登记。要升级完善人口信息系统，加强对无户口人员人像、指纹信息备案和比对核验，确保登记身份信息的准确性和户口的唯一性。要严密户籍档案管理，对无户口人员户口登记材料逐一建档，确保档案资料完整有效。公安机关应当将办理无户口人员户口登记的情况，及时通报相关部门。

（三）完善配套政策。各有关部门要对与本意见精神不一致的政策措施进行一次集中清理，该修改的认真修改，该废止的坚决废止。公安部、民政部、卫生计生委等部门要按照职能分工，抓紧按程序修订户口登记、流浪乞讨救助、计划生育等方面的法律法规和政策，完善相关规章制度。

（四）积极做好宣传引导。无户口人员登记户口问题政策性强、社会关注度高。要加强正面宣传引导，营造良好舆论氛围。加大宣传力度，广泛宣传无户口人员登记户口的各项政策措施以及公民登记户口的权利和义务，深入基层、深入农村、深入群众，努力争取广大群众的支持和配合，积极动员无户口人员主动到公安机关申请办理常住户口登记。

（五）强化责任落实。各有关部门要进一步分解细化任务，落实责任分工,狠抓各项政策措施的贯彻落实。公安部要会同民政部、卫生计生委等部门加强对各地区的督查指导,对责任不落实、工作不力的,依法依规严肃追究责任。

凡以前文件规定与本意见规定不一致的,按本意见规定执行。

国务院办公厅

2015 年 12 月 31 日

办理户口、居民身份证工作规范

公通字〔1998〕56号

（公安部于1998年7月24日颁布）

为了规范办理户口、居民身份证工作，提高工作效率和服务质量，保护公民的合法权益，切实解决群众办户口难、领居民身份证难问题，建设公正、廉洁、高效、文明的户政管理队伍，特制定本规范。

一、建立健全公开办事制度和接待制度

（一）公安派出所应当将各类户口登记、居民身份证的办理条件、时限、程序、收费项目和收费标准公开，严格按照有关法规和政策，秉公办事，主动接受监督。

（二）公安派出所应当设立专门的户籍接待室，户籍接待室内应当逐步采用"低台敞开式"方式办公，并设置警民联系簿、便民服务条，备有供来所办理户口、居民身份证的群众书写使用的桌椅、纸张笔墨等。有条件的公安派出所可以开通语音信箱、设置触摸式显示屏，给群众了解办理户口、居民身份证的有关规定提供方便。

（三）公安派出所应当建立值班所长制度，每天由一名所长挂牌值班，监督各项规章制度的落实情况，听取群众对办理户口、居民身份证等工作的意见和建议，解决群众的疑难问题。

（四）公安派出所要从实际出发确定户籍内勤民警的工作制度，以满足广大群众办理户口、居民身份证的实际需要，遇有停电、微机维修等特殊情况，确实不能当场办理的，应当说明理由。

二、明确办理户口、居民身份证的工作基本要求

（一）对下列户口申报事项，只要符合政策规定、证明材料齐全，公安派出所民警应当当场办理：

1. 出生登记；

2. 死亡登记；

3. 户口登记项目（姓名、民族、出生日期除外）的变更、更正；

4. 分户和并户；

5. 市内户口迁移（因投靠直系亲属和分户、购房、换房等）；

6. 公民出国（境）注销户口和回国（入境）恢复户口；

7. 公民入伍注销户口和复员、转业军人回原籍落户；

8. 被判处徒刑、劳教人员注销户口和刑满释放、解除劳教人员回原籍落户；

9. 高校录取学生、高校学生转学、退学户口迁移和高校学生毕业落户；

10. 录用公务员、招收职工以及公务员、职工调动等，经组织、人事、劳动等部门批准，迁入地市、县公安机关审批同意后的户口迁移；

11. 其他依照规定可以当场办理的户口申报事项。

（二）凡办理下列需经调查核实、上报审批的户口申报事

项，对证明材料齐全的，公安派出所民警应当当场受理并填写《办理户口责任书》；对证明材料不全的，公安派出所民警应当向申请人予以说明并当场填写《办理户口补充材料书》，写清申请人应当补充的证明材料：

1. 公民变更姓名、民族，更正出生日期；

2. 国内公民收养子女落户登记；

3. 夫妻投靠、子女投靠父母、父母投靠子女（含农转非）落户；

4. 复员、转业军人异地落户；

5. 刑满释放、解除劳教人员异地落户；

6. 其他依照规定需要上报县（市、区）以上公安机关审核、审批的户口申报事项。

（三）办理本条第（二）项中所列户口申报事项，各环节的工作应当在以下时限内完成：

1. 对本条第（二）项中所列户口申报事项，公安派出所应当在受理申请之日起的二十个工作日内完成调查核实工作，并将有关材料上报县（市）公安局或者城市公安分局。

2. 县（市）公安局或者城市公安分局接到上报材料后，经审查，对有权作出审批决定的户口申报事项，应当在接到公安派出所的上报材料十五个工作日内作出批准或者不批准的决定，并将审批结果返回公安派出所，或者按规定签署审核意见并将有关材料上报地、市级公安机关；地、市级公安机关应当在十五个工作日内作出批准或者不批准的决定。

3. 公安派出所在接到上级公安机关的审批决定二日内，将审批结果通知申请人。

（四）《办理户口责任书》应当包括"存根"和"回执"两部分，记载"申报人情况、申请事由、申报材料情况、办理时限、受理时间、申报人和受理人签字"等内容；回执部分交给申报人，申报人可据此在规定时限内办理手续或者查询有关情况。

（五）对公民申领、换领、补领居民身份证的，只要符合规定，照片合格，公安派出所民警应当当场受理。居民身份证在受理之日起三个月之内，快证在七日之内，临时身份证在二日之内发给公民本人。

三、办理户口、居民身份证要讲文明、讲礼貌

（一）公安派出所民警应当警容严整，在工作时间须佩带胸卡，户籍内勤民警可以放置服务台卡。接待群众要主动热情，使用文明用语，做到来有迎声、问有答声、走有送声。

（二）对有特殊困难的公民，应当优先办理其申请事项；对孤寡老人、残疾人，应当主动上门为其办理户口、居民身份证。

（三）公安机关应当妥善保管居民的申请材料，如有丢失或者毁坏，由责任单位负责补办材料。

四、严格执行国家有关的收费规定

办理户口、居民身份证，必须严格执行《国家批准的公检法工商行政管理部门行政性收费项目》和国务院有关规定，各地公安机关不得擅自设立收费项目和提高收费标准。收取户籍管理证件工本费和居民身份证证件费，一律使用省级财政部门统一印制或者监制的票据。

五、加强内外监督

（一）各级公安机关户政管理部门应当设立监督举报电话、意见箱，接到群众的举报、投诉应当及时解决答复。

（二）各级公安机关户政管理部门应当聘请义务警风监督员，对民警的工作态度、服务质量、办理效率、警容风纪等定期进行评议，接受社会各界和人民群众的监督。

（三）各级公安机关要采取定期检查、抽查和走访群众等多种形式加强监督，及时发现、纠正存在的问题。对违反本规范的，由直接责任人和主管领导登门向群众赔礼道歉，并根据情节给予通报批评、扣发奖金、离岗培训、行政处分等。

六、本规范自公布之日起执行，各地可以依照本规范制定具体的工作规定。

中国公民民族成份登记管理办法

中华人民共和国国家民族事务委员会
中华人民共和国公安部令
第 2 号

《中国公民民族成份登记管理办法》已经 2015 年 5 月 20 日国家民委第 5 次委务会议审议通过，并经公安部同意，现予公布，自 2016 年 1 月 1 日起施行。

国家民族事务委员会主任
公安部部长
2015 年 6 月 16 日

第一条　为了规范公民民族成份的管理工作，根据宪法和《中华人民共和国户口登记条例》，制定本办法。

第二条　中华人民共和国公民适用本办法。

第三条　本办法所称民族成份，是指在户口登记中填写的经国家正式确认的民族名称。

第四条　国务院民族事务部门和公安部门负责指导、监管公民民族成份的登记和管理工作。

第五条　公民的民族成份，只能依据其父亲或者母亲的民族成份确认、登记。

本办法所称的父母，包括生父母、养父母和与继子女有抚养教育关系的继父母。

第六条 公安部门在办理新增人口户口登记时,应当根据新增人口父母的民族成份,确认其民族成份。

新增人口的父母民族成份不相同的,应当根据其父母共同签署的民族成份填报申请书予以确认并登记。

第七条 公民民族成份经确认登记后,一般不得变更。

未满十八周岁的公民,有下列情况之一的,可以申请变更其民族成份一次。

(一)父母婚姻关系发生变化,其民族成份与直接抚养的一方不同的;

(二)父母婚姻关系发生变化,其民族成份与继父(母)的民族成份不同的;

(三)其民族成份与养父(母)的民族成份不同的。

年满十八周岁的公民,在其年满十八周岁之日起的两年内,可以依据其父或者其母的民族成份申请变更一次。

第八条 未满十八周岁的公民变更民族成份,应当由其父母或者其他法定监护人提出申请;年满十八周岁的公民申请变更民族成份,应当由其本人提出申请。

第九条 未满十八周岁公民申请变更民族成份,需提交以下证明材料:

(一)书面申请书;

根据生父(母)的民族成份提出变更申请的,书面申请书应当由直接抚养的一方签署;根据养父(母)的民族成份提出变更申请的,书面申请书应当由公民养父母共同签署;根据继父(母)的民族成份提出变更申请的,书面申请书应当由与公民共同生活的生父（母）与继母（父）共同签署。申请之日公民已年满十六周岁的，申请人应当征求公民本人的意见。

（二）公民本人的居民户口簿及公民的养（继）父（母）的居民户口簿、居民身份证；

（三）依据生父（母）的民族成份申请变更的，需提供离婚证明；依据继父（母）的民族成份申请变更的，需提供生父（母）与继母（父）的婚姻关系证明；依据养父（母）的民族成份申请变更的，需提供收养证明；

（四）如居民户口簿不能体现父母子女关系的，需提供公民户籍所在地的乡（镇）人民政府、街道办事处出具的父母子女关系证明；

（五）其他相关证明材料。

第十条 年满十八周岁的公民申请变更民族成份，需提交以下证明材料：

（一）由本人提交的书面申请书；

（二）公民本人及其父母的居民户口簿、居民身份证；

（三）如居民户口簿不能体现公民与父母子女关系的，需要提供公民户籍所在地的乡（镇）人民政府、街道办事处出具的父母子女关系证明；

（四）其他相关证明材料。

第十一条 申请变更民族成份，按照下列程序办理：

（一）申请人向户籍所在地的县级人民政府民族事务部门提出申请；

（二）县级人民政府民族事务部门对变更申请提出初审意见，对不符合条件的申请予以退回，并书面说明不予受理的理由；对符合条件的申请，自受理之日起的十个工作日内报上一级人民政府民族事务部门审批。

对于十个工作日内不能提出初审意见的，经县级人民政府民族事务部门负责人批准，可以延长十个工作日；

（三）上一级人民政府民族事务部门应当在收到审批申请之日起的十个工作日内，出具书面审批意见，并反馈给县级人民政府民族事务部门；

（四）县级人民政府民族事务部门应当在收到审批意见的十个工作日内，将审批意见告知申请人。审批同意的，并将审批意见、公民申请书及相关证明材料抄送县级人民政府公安部门；

（五）公安部门应当依据市级人民政府民族事务部门的审批意见，严格按照公民户籍主项信息变更的管理程序，在十五个工作日内办理公民民族成份变更登记。

第十二条 各级民族事务部门应当建立民族成份变更定期备案制度。

地市级人民政府民族事务部门应当每半年将本行政辖区内的民族成份变更审批情况向省级人民政府民族事务部门备案一次。

省级人民政府民族事务部门应当每一年将本行政辖区内的民族成份变更统计数据向国务院民族事务部门备案一次。

第十三条 各级民族事务部门与公安部门应当加强公民民族成份登记信息化建设，建立民族成份信息共享机制，定期交换民族成份登记、变更统计信息。

第十四条 各级民族事务部门与公安部门应当建立公民民

族成份登记的协商联络和监督检查机制。

第十五条 公民对本人或者其未满十八周岁的子女的民族成份的确认、登记、变更决定有异议的，可以依法申请行政复议或者提起行政诉讼。

第十六条 公民隐瞒真实情况，伪造、篡改、提供虚假证明材料，申请变更民族成份的，民族事务部门应当撤销审批意见，公安部门应当撤销变更登记，同时通报相关部门收回该公民依据虚假民族成份享受的相关权益；构成违反治安管理行为的，依法予以治安管理处罚；构成犯罪的，依法追究刑事责任。

第十七条 民族事务部门、公安部门有下列情形之一的，由其上级行政机关或者监察机关责令改正，对直接负责的主管人员和其他直接责任人员依法予以处理。

（一）对符合条件的公民变更民族成份的申请不予受理的；

（二）无正当理由未在规定期限内登记、审批、变更公民民族成份的；

（三）违规审批公民民族成份变更申请的；

（四）违规登记或者变更公民民族成份的。

第十八条 违规确认或者更改的公民民族成份，由公安部门按照市级人民政府民族事务部门出具的调查处理意见书予以更正。

公民民族成份在户籍管理过程中被错报、误登的，由公安部门按照纠错程序更正其民族成份。

第十九条 未定族称公民的民族成份，按照国家有关规定进行管理。

第二十条 中国公民同外国人结婚生育或者依法收养的子女取得中国国籍的,其民族成份应当依据中国公民的民族成份确定。

外国人取得中国国籍的,其民族成份按照国家有关规定进行管理。

第二十一条 各省、自治区、直辖市人民政府民族事务部门和公安部门可根据本办法制定具体实施细则。

各省、自治区、直辖市人民政府民族事务部门和公安部门,可以结合本地实际,适当调整确认公民民族成份变更申请的审批权限,并向国务院民族事务部门备案。

第二十二条 本办法自2016年1月1日起施行。此前有关公民民族成份登记管理的文件、规定与本办法不符的,依照本办法执行。

国务院办公厅关于积极稳妥推进户籍管理制度改革的通知

国办发〔2011〕9号

各省、自治区、直辖市人民政府，国务院各部委、各直属机构：

近年来，各地区、各有关部门认真贯彻国家有关推进城镇化和户籍管理制度改革的决策部署，努力解决实践中的突出问题，取得明显成效。最近一个时期，一些地方积极探索，又相继推出农村人口落户城镇的政策措施，积累了一些经验，也出现了一些不容忽视的问题。有的地方不顾当地经济社会发展实际情况，片面追求城镇规模城镇化速度；有的地方不分城市类别不顾城市综合承载能力，一味放宽落户城市的条件；有的地方擅自突破国家政策，损害群众切身利益。对这些问题如不高度重视并及时妥善解决，就会严重影响城镇化依法健康有序进行，严重影响经济平稳较快发展和社会和谐稳定，也直接影响户籍管理制度改革的顺利推进。为积极稳妥推进户籍管理制度改革，经国务院同意，现将有关事项通知如下：

一、指导思想和基本原则

（一）以邓小平理论和"三个代表"重要思想为指导，深入贯彻落实科学发展观，适应城镇化发展需要，按照国家有关户籍管理制度改革的决策部署，继续坚定地推进户籍管理制度改革,落实放宽中小城市和小城镇落户条件的政策。同时,遵循城镇化发展规律,统筹推进工业化和农业现代化、城镇化和社会主义新农村建设、大中小城市和小城镇协调发展,引导非农产业和农村人口有序向中小城市和建制镇转移,逐步满足符合条件的农村人口落户需求,逐步实现城乡基本公共服务均等化。

(二)必须立足人口大国的基本国情,充分考虑当地经济社会发展水平和城市综合承载能力特别是容纳就业、提供社会保障的能力;必须尊重农民意愿,切实保障农民合法权益;必须坚持统筹规划,着力完善配套政策;必须坚持分类指导,做到积极稳妥、规范有序。

二、分类明确户口迁移政策

(三)在县级市市区、县人民政府驻地镇和其他建制镇有合法稳定职业并有合法稳定住所(含租赁)的人员,本人及其共同居住生活的配偶、未婚子女、父母,可以在当地申请登记常住户口。城镇综合承载能力压力大的地方,可以对合法稳定职业的范围、年限和合法稳定住所(含租赁)的范围、条件等作出具体规定,同时应当积极采取有效措施解决长期在当地务工、经商人员的城镇落户问题。

(四)在设区的市(不含直辖市、副省级市和其他大城市)有合法稳定职业满三年并有合法稳定住所(含租赁)同时按照国家规定参加社会保险达到一定年限的人员,本人及其共同居住生活的配偶、未婚子女、父母,可以在当地申请登记常住户口。中西部地区根据当地实际,可以适当放宽职业年限的要求;城市综合承载能力压力大的地方,可以对合法稳定职业的范围、年限和合法稳定住所（含租赁）的范围、条件等作出更严格的规定，同时应当积极采取有效措施解决长期在当地务工、经商人员的城市落户问题。参加社会保险的具体年限由当地人民政府制定，报省级人民政府批准。

（五）继续合理控制直辖市、副省级市和其他大城市人口规模，进一步完善并落实好现行城市落户政策。

三、依法保障农民土地权益

（六）农民的宅基地使用权和土地承包经营权受法律保护。现阶段，农民工落户城镇，是否放弃宅基地和承包的耕地、林地、草地，必须完全尊重农民本人的意愿，不得强制或变相强制收回。引导农民进城落户要遵守法律法规和国家政策，充分考虑农民的当前利益和长远生计，不能脱离实际，更不能搞强迫命令。

（七）坚持土地用途管制，不得借户籍管理制度改革突破土地利用总体规划、土地整治规划和土地利用年度计划，严格规范城乡建设用地增减挂钩试点，切实避免擅自扩大城镇建设用地规模，损害农民权益。

（八）禁止借户籍管理制度改革或者擅自通过"村改居"等方式非经法定征收程序将农民集体所有土地转为国有土地，禁止农村集体经济组织非法出让、出租集体土地用于非农业建设，严格执行禁止城镇居民在农村购置宅基地的政策。

四、着力解决农民工实际问题

（九）对农村人口已落户城镇的，要保证其享有与当地城镇居民同等的权益；对暂不具备落户条件的农民工，要有针对性地完善相关制度，下大力气解决他们当前在劳动报酬、子女上学、技能培训、公共卫生、住房租购、社会保障、职业安全卫生等方面的突出问题。

（十）加快社会主义新农村建设，改善农村居民的生产生活条件，推进城乡公共资源均衡配置，逐步实现城乡基本公共服务均等化，使城镇化和新农村建设相互促进、协调发展。尊重农民在进城和留乡问题上的自主选择权。

（十一）采取有效措施，为其他暂住人口在当地学习、工作、生活提供方便。对造成暂住人口学习、工作、生活不便的有关政策措施要进行一次集中清理，该修改的认真修改，该废止的坚决废止。今后出台有关就业、义务教育、技能培训等政策措施，不要与户口性质挂钩。继续探索建立城乡统一的户口登记制度。逐步实行暂住人口居住证制度，具体办法由公安部会同有关部门研究制订按程序报批后实施。

五、切实加强组织领导

（十二）户籍管理制度是一项基础性社会管理制度。有关改革事关人民群众切身利益、经济平稳较快发展和社会和谐稳定。各地区、各有关部门要从全局和政治的高度，充分认识做好这项工作的重要性、复杂性，切实把思想和行动统一到国家的决策部署上来，加强领导、周密部署，严肃纪律、落实责任，切实抓好国家有关户籍管理制度改革各项政策措施和工作部署的落实。

（十三）国家基本户籍管理制度属于中央事权，地方在国家确定的基本户籍管理制度的原则和政策范围内，结合本地实际进行探索、制定具体措施。各地要按照国家有关户籍管理制度改革的政策要求和统一部署，统筹规划、扎实推进，不得各行其是、有禁不止；要对已出台的有关户籍管理制度改革的意见加以清理，凡与本通知精神不一致的，要立即停止执行；要认真做好新旧政策措施的衔接，防止引发不稳定问题。

（十四）公安部要会同有关部门进一步加强对各地落实国家有关户籍管理制度改革的政策措施进行指导和监督。各地区、各有关部门要将执行本通知的情况报国务院。

国务院办公厅
二〇一一年二月二十六日

国务院关于进一步推进户籍制度改革的意见

国发〔2014〕25号

各省、自治区、直辖市人民政府，国务院各部委、各直属机构：

为深入贯彻落实党的十八大、十八届三中全会和中央城镇化工作会议关于进一步推进户籍制度改革的要求，促进有能力在城镇稳定就业和生活的常住人口有序实现市民化，稳步推进城镇基本公共服务常住人口全覆盖，现提出以下意见。

一、总体要求

（一）指导思想。以邓小平理论、"三个代表"重要思想、科学发展观为指导，适应推进新型城镇化需要，进一步推进户籍制度改革，落实放宽户口迁移政策。统筹推进工业化、信息化、城镇化和农业现代化同步发展，推动大中小城市和小城镇协调发展、产业和城镇融合发展。统筹户籍制度改革和相关经济社会领域改革，合理引导农业人口有序向城镇转移，有序推进农业转移人口市民化。

（二）基本原则。

——坚持积极稳妥、规范有序。立足基本国情，积极稳妥推进，优先解决存量，有序引导增量，合理引导农业转移人口落户城镇的预期和选择。

——坚持以人为本、尊重群众意愿。尊重城乡居民自主定居意愿，依法保障农业转移人口及其他常住人口合法权益，不得采取强迫做法办理落户。

——坚持因地制宜、区别对待。充分考虑当地经济社会发展水平、城市综合承载能力和提供基本公共服务的能力，实施差别化落户政策。

——坚持统筹配套、提供基本保障。统筹推进户籍制度改革和基本公共服务均等化，不断扩大教育、就业、医疗、养老、住房保障等城镇基本公共服务覆盖面。

（三）发展目标。进一步调整户口迁移政策，统一城乡户口登记制度，全面实施居住证制度，加快建设和共享国家人口基础信息库，稳步推进义务教育、就业服务、基本养老、基本医疗卫生、住房保障等城镇基本公共服务覆盖全部常住人口。到2020年，基本建立与全面建成小康社会相适应，有效支撑社会管理和公共服务，依法保障公民权利，以人为本、科学高效、规范有序的新型户籍制度，努力实现1亿左右农业转移人口和其他常住人口在城镇落户。

二、进一步调整户口迁移政策

（四）全面放开建制镇和小城市落户限制。在县级市市区、县人民政府驻地镇和其他建制镇有合法稳定住所（含租赁）的人员，本人及其共同居住生活的配偶、未成年子女、父母等，可以在当地申请登记常住户口。

（五）有序放开中等城市落户限制。在城区人口50万至100万的城市合法稳定就业并有合法稳定住所（含租赁），同时按照国家规定参加城镇社会保险达到一定年限的人员，本人及其共同居住生活的配偶、未成年子女、父母等，可以在当地申请登记常住户口。城市综合承载能力压力小的地方，可以参照建制镇和小城市标准，全面放开落户限制；城市综合承载能力压力大的地方，可以对合法稳定就业的范围、年限和合法稳定住所（含租赁）的范围、条件等作出具体规定，但对合法稳定住所（含租赁）不得设置住房面积、金额等要求，对参加城镇社会保险年限的要求不得超过3年。

（六）合理确定大城市落户条件。在城区人口100万至300万的城市合法稳定就业达到一定年限并有合法稳定住所（含租赁），同时按照国家规定参加城镇社会保险达到一定年限的人员，本人及其共同居住生活的配偶、未成年子女、父母等，可以在当地申请登记常住户口。城区人口300万至500万的城市，要适度控制落户规模和节奏，可以对合法稳定就业的范围、年限和合法稳定住所（含租赁）的范围、条件等作出较严格的规定，也可结合本地实际，建立积分落户制度。大城市对参加城镇社会保险年限的要求不得超过5年。

（七）严格控制特大城市人口规模。改进城区人口500万以上的城市现行落户政策，建立完善积分落户制度。根据综合承载能力和经济社会发展需要，以具有合法稳定就业和合法稳定住所（含租赁）、参加城镇社会保险年限、连续居住年限等为主要指标，合理设置积分分值。按照总量控制、公开透明、有序办理、公平公正的原则，达到规定分值的流动人口本人及其共同居住生活的配偶、未成年子女、父母等，可以在当地申请登记常住户口。

（八）有效解决户口迁移中的重点问题。认真落实优先解决存量的要求，重点解决进城时间长、就业能力强、可以适应城镇产业转型升级和市场竞争环境的人员落户问题。不断提高高校毕业生、技术工人、职业院校毕业生、留学回国人员等常住人口的城镇落户率。

三、创新人口管理

（九）建立城乡统一的户口登记制度。取消农业户口与非农业户口性质区分和由此衍生的蓝印户口等户口类型，统一登记为居民户口，体现户籍制度的人口登记管理功能。建立与统一城乡户口登记制度相适应的教育、卫生计生、就业、社保、住房、土地及人口统计制度。

（十）建立居住证制度。公民离开常住户口所在地到其他设区的市级以上城市居住半年以上的，在居住地申领居住证。符合条件的居住证持有人，可以在居住地申请登记常住户口。以居住证为载体，建立健全与居住年限等条件相挂钩的基本公共服务提供机制。居住证持有人享有与当地户籍人口同等的劳动就业、基本公共教育、基本医疗卫生服务、计划生育服务、公共文化服务、证照办理服务等权利；以连续居住年限和参加社会保险年限等为条件，逐步享有与当地户籍人口同等的中等职业教育资助、就业扶持、住房保障、养老服务、社会福利、社会救助等权利，同时结合随迁子女在当地连续就学年限等情况，逐步享有随迁子女在当地参加中考和高考的资格。各地要积极创造条件，不断扩大向居住证持有人提供公共服务的范围。按照权责对等的原则，居住证持有人应当履行服兵役和参加民兵组织等国家和地方规定的公民义务。

（十一）健全人口信息管理制度。建立健全实际居住人口登记制度，加强和完善人口统计调查，全面、准确掌握人口规模、人员结构、地区分布等情况。建设和完善覆盖全国人口、以公民身份号码为唯一标识、以人口基础信息为基准的国家人口基础信息库,分类完善劳动就业、教育、收入、社保、房产、信用、卫生计生、税务、婚姻、民族等信息系统,逐步实现跨部门、跨地区信息整合和共享,为制定人口发展战略和政策提供信息支持,为人口服务和管理提供支撑。

四、切实保障农业转移人口及其他常住人口合法权益

(十二)完善农村产权制度。土地承包经营权和宅基地使用权是法律赋予农户的用益物权,集体收益分配权是农民作为集体经济组织成员应当享有的合法财产权利。加快推进农村土地确权、登记、颁证,依法保障农民的土地承包经营权、宅基地使用权。推进农村集体经济组织产权制度改革,探索集体经济组织成员资格认定办法和集体经济有效实现形式,保护成员的集体财产权和收益分配权。建立农村产权流转交易市场,推动农村产权流转交易公开、公正、规范运行。坚持依法、自愿、有偿的原则,引导农业转移人口有序流转土地承包经营权。进城落户农民是否有偿退出"三权",应根据党的十八届三中全会精神,在尊重农民意愿前提下开展试点。现阶段,不得以退出土地承包经营权、宅基地使用权、集体收益分配权作为农民进城落户的条件。

(十三)扩大基本公共服务覆盖面。保障农业转移人口及其他常住人口随迁子女平等享有受教育权利;将随迁子女义务教育纳入各级政府教育发展规划和财政保障范畴;逐步完善并落实随迁子女在流入地接受中等职业教育免学费和普惠性学前教育的政策以及接受义务教育后参加升学考试的实施办法。完

善就业失业登记管理制度，面向农业转移人口全面提供政府补贴职业技能培训服务，加大创业扶持力度，促进农村转移劳动力就业。将农业转移人口及其他常住人口纳入社区卫生和计划生育服务体系，提供基本医疗卫生服务。把进城落户农民完全纳入城镇社会保障体系，在农村参加的养老保险和医疗保险规范接入城镇社会保障体系，完善并落实医疗保险关系转移接续办法和异地就医结算办法，整合城乡居民基本医疗保险制度，加快实施统一的城乡医疗救助制度。提高统筹层次，实现基础养老金全国统筹，加快实施统一的城乡居民基本养老保险制度，落实城镇职工基本养老保险关系转移接续政策。加快建立覆盖城乡的社会养老服务体系，促进基本养老服务均等化。完善以低保制度为核心的社会救助体系，实现城乡社会救助统筹发展。把进城落户农民完全纳入城镇住房保障体系，采取多种方式保障农业转移人口基本住房需求。

（十四）加强基本公共服务财力保障。建立财政转移支付同农业转移人口市民化挂钩机制。完善促进基本公共服务均等化的公共财政体系，逐步理顺事权关系，建立事权和支出责任相适应的制度，中央和地方按照事权划分相应承担和分担支出责任。深化税收制度改革，完善地方税体系。完善转移支付制度，加大财力均衡力度，保障地方政府提供基本公共服务的财力。

五、切实加强组织领导

（十五）抓紧落实政策措施。进一步推进户籍制度改革，是涉及亿万农业转移人口的一项重大举措。各地区、各有关部门要充分认识户籍制度改革的重大意义，深刻把握城镇化进程的客观规律，进一步统一思想，加强领导，周密部署，敢于担当，按照走中国特色新型城镇化道路、全面提高城镇化质量的新要求，切实落实户籍制度改革的各项政策措施，防止急于求成、运动式推进。各省、自治区、直辖市人民政府要根据本意见，统筹考虑，因地制宜，抓紧出台本地区具体可操作的户籍制度改革措施，并向社会公布，加强社会监督。公安部、发展改革委、教育部、民政部、财政部、人力资源社会保障部、国土资源部、住房城乡建设部、农业部、卫生计生委、法制办等部门要按照职能分工，抓紧制定教育、就业、医疗、养老、住房保障等方面的配套政策，完善法规，落实经费保障。公安部和发展改革委、人力资源社会保障部要会同有关部门对各地区实施户籍制度改革工作加强跟踪评估、督查指导。公安部和各地公安机关要加强户籍管理和居民身份证管理，严肃法纪，做好户籍制度改革的基础工作。

（十六）积极做好宣传引导。全面阐释适应中国特色新型城镇化发展、进一步推进户籍制度改革的重大意义，准确解读户籍制度改革及相关配套政策。大力宣传各地在解决农业转移人口及其他常住人口落户城镇、保障合法权益、提供基本公共服务等方面的好经验、好做法，合理引导社会预期，回应群众关切，凝聚各方共识，形成改革合力，为进一步推进户籍制度改革营造良好的社会环境。

国务院
2014 年 7 月 24 日

推动1亿非户籍人口在城市落户方案

国务院办公厅关于印发
推动1亿非户籍人口在城市落户方案的通知
国办发〔2016〕72号

各省、自治区、直辖市人民政府，国务院各部委、各直属机构：

《推动1亿非户籍人口在城市落户方案》已经国务院同意，现印发给你们，请认真贯彻执行。

国务院办公厅
2016年9月30日

促进有能力在城镇稳定就业和生活的农业转移人口举家进城落户，是全面小康社会惠及更多人口的内在要求，是推进新型城镇化建设的首要任务，是扩大内需、改善民生的重要举措。为贯彻落实党中央、国务院关于推动1亿左右农业转移人口和其他常住人口等非户籍人口在城市落户的决策部署，根据《国家新型城镇化规划（2014—2020年）》、《国务院关于进一步推进户籍制度改革的意见》（国发〔2014〕25号）和《国务院关于深入推进新型城镇化建设的若干意见》（国发〔2016〕8号），特制定本方案。

一、总体要求

（一）指导思想。全面贯彻党的十八大和十八届三中、四中、五中全会精神，落实党中央、国务院决策部署，按照"五位一体"总体布局和"四个全面"战略布局，牢固树立和贯彻落实创新、协调、绿色、开放、共享的发展理念，以人的城镇化为核心，以理念创新为先导，以体制机制改革为动力，紧紧围绕推动1亿非户籍人口在城市落户目标，深化户籍制度改革，加快完善财政、土地、社保等配套政策，为促进经济持续健康发展提供持久强劲动力，为维护社会公平正义与和谐稳定奠定坚实基础。

（二）基本原则。

统筹设计，协同推进。统筹推进本地和外地非户籍人口在城市落户，实行相同的落户条件和标准。统筹户籍制度改革与相关配套制度改革创新，优化政策组合，形成工作合力，确保城市新老居民同城同待遇。

存量优先，带动增量。优先解决进城时间长、就业能力强、能够适应城市产业转型升级和市场竞争环境的非户籍人口落户，形成示范效应，逐步带动新增非户籍人口在城市落户。

因地制宜，分类施策。充分考虑城市综合承载能力，实施差别化落户政策，赋予地方更多操作空间，鼓励地方创造典型经验。充分尊重群众自主定居意愿，坚决打破"玻璃门"，严格防止"被落户"。

中央统筹，省负总责。中央政府层面统筹总体方案和制度安排，强化对地方的指导和监督考核。省级政府负总责，全面做好地方方案编制和组织实施等工作。

（三）主要目标。"十三五"期间，城乡区域间户籍迁移壁垒加速破除，配套政策体系进一步健全，户籍人口城镇化率年均提高1个百分点以上，年均转户1300万人以上。到2020年，全国户籍人口城镇化率提高到45%，各地区户籍人口城镇化率与常住人口城镇化率差距比2013年缩小2个百分点以上。

二、进一步拓宽落户通道

（四）全面放开放宽重点群体落户限制。除极少数超大城市外，全面放宽农业转移人口落户条件。以农村学生升学和参军进入城镇的人口、在城镇就业居住5年以上和举家迁徙的农业转移人口以及新生代农民工为重点，促进有能力在城镇稳定就业和生活的农业转移人口举家进城落户。省会及以下城市要全面放开对高校毕业生、技术工人、职业院校毕业生、留学归国人员的落户限制。省会及以下城市要探索实行农村籍高校学生来去自由的落户政策，高校录取的农村籍学生可根据本人意愿，将户口迁至高校所在地；毕业后可根据本人意愿，将户口迁回原籍地或迁入就（创）业地。（公安部牵头）

（五）调整完善超大城市和特大城市落户政策。超大城市和特大城市要以具有合法稳定就业和合法稳定住所（含租赁）、参加城镇社会保险年限、连续居住年限等为主要依据，区分城市的主城区、郊区、新区等区域，分类制定落户政策，重点解决符合条件的普通劳动者落户问题。户籍人口比重低的超大城市和特大城市，要进一步放宽外来人口落户指标控制，加快提高户籍人口城镇化率。（公安部牵头）

（六）调整完善大中城市落户政策。大中城市均不得采取购买房屋、投资纳税等方式设置落户限制。城区常住人口300

万以下的城市不得采取积分落户方式。大城市落户条件中对参加城镇社会保险的年限要求不得超过 5 年,中等城市不得超过 3 年。(公安部牵头)

三、制定实施配套政策

(七) 加大对农业转移人口市民化的财政支持力度并建立动态调整机制。根据不同时期农业转移人口数量规模、不同地区和城乡之间农业人口流动变化、大中小城市农业转移人口市民化成本差异等,对中央和省级财政转移支付规模、结构进行动态调整。落实东部发达地区和大城市、特大城市的主体责任,引导其加大支出结构调整力度,依靠自有财力为农业转移人口提供与当地户籍人口同等的基本公共服务,中央财政根据其吸纳农业转移人口进城落户人数等因素适当给予奖励。(财政部牵头)

(八) 建立财政性建设资金对吸纳农业转移人口较多城市基础设施投资的补助机制。加快实施中央预算内投资安排向吸纳农业转移人口落户数量较多城镇倾斜的政策。中央财政在安排城市基础设施建设和运行维护、保障性住房等相关专项资金时,对吸纳农业转移人口较多的地区给予适当支持。鼓励省级政府实施相应配套政策。(国家发展改革委、财政部牵头)

(九) 建立城镇建设用地增加规模与吸纳农业转移人口落户数量挂钩机制。按照以人定地、人地和谐的原则,实施城镇建设用地增加规模与吸纳农业转移人口落户数量挂钩政策,完善年度土地利用计划指标分配机制,保障农业转移人口在城镇落户的合理用地需求。规范推进城乡建设用地增减挂钩,建立

健全城镇低效用地再开发激励约束机制。(国土资源部牵头)

（十）完善城市基础设施项目融资制度。健全债券信息披露、信用评级、发行管理等方面制度安排。(国家发展改革委、人民银行、证监会按职责分工负责)建立健全规范的地方政府举债融资机制，支持城市基础设施建设。(财政部牵头)采取有效措施推进城市公共服务领域和基础设施领域采用政府和社会资本合作（PPP）模式融资。(财政部、国家发展改革委按职责分工负责)

（十一）建立进城落户农民"三权"维护和自愿有偿退出机制。加快推进农村集体产权制度改革，确保如期完成土地承包权、宅基地使用权等确权登记颁证，积极推进农村集体资产确权到户和股份合作制改革，不得强行要求进城落户农民转让其在农村的土地承包权、宅基地使用权、集体收益分配权，或将其作为进城落户条件。建立健全农村产权流转市场体系，探索形成农户对"三权"的自愿有偿退出机制，支持和引导进城落户农民依法自愿有偿转让上述权益，但现阶段要严格限定在本集体经济组织内部。(中央农办牵头，农业部、国土资源部等参与)

（十二）将进城落户农民完全纳入城镇住房保障体系。加快完善城镇住房保障体系，确保进城落户农民与当地城镇居民同等享有政府提供基本住房保障的权利。住房保障逐步实行实物保障与租赁补贴并举，通过市场提供房源、政府发放租赁补贴方式，支持符合条件的进城落户农民承租市场住房。推进扩大住房公积金缴存面，将农业转移人口纳入覆盖范围，鼓励个体工商户和自由职业者缴存。落实放宽住房公积金提取条件等

政策，建立全国住房公积金转移接续平台，支持缴存人异地使用。(住房城乡建设部牵头)

（十三）落实进城落户农民参加城镇基本医疗保险政策。进城落户农民在农村参加的基本医疗保险可规范接入城镇基本医疗保险。完善并落实医保关系转移接续办法和异地就医结算办法，妥善处理医保关系转移中的有关权益，加强医保关系转移接续管理服务，确保基本医保参保人能跨制度、跨统筹地区连续参保。(人力资源社会保障部牵头，国家卫生计生委等部门参与)

（十四）落实进城落户农民参加城镇养老保险等政策。加快落实基本养老保险关系转移接续政策，推动符合条件的进城落户农民参加当地城乡居民养老保险或城镇职工养老保险，按规定享有养老保险待遇。确保进城落户农民与当地城镇居民同等享有最低生活保障的权利。(人力资源社会保障部、民政部牵头)

（十五）保障进城落户农民子女平等享有受教育权利。各地区要确保进城落户农民子女受教育与城镇居民同城同待遇。加快完善全国中小学生学籍信息管理系统，为进城落户居民子女转学升学提供便利。(教育部牵头)

（十六）推进居住证制度覆盖全部未落户城镇常住人口。切实保障居住证持有人享有国家规定的各项基本公共服务和办事便利。鼓励地方各级政府根据本地实际不断扩大公共服务范围并提高服务标准，缩小居住证持有人与户籍人口享有的基本公共服务的差距。督促各城市根据《居住证暂行条例》，加快制定实施具体管理办法。(公安部牵头)

四、强化监测检查

（十七）健全落户统计体系。加快建立健全全国统一的常住人口城镇化率和户籍人口城镇化率统计指标，准确快捷反映各地区两个指标变动状况，并列入国家和各地区统计公报。（国家统计局牵头，公安部参与）

（十八）强化专项检查。对各地区非户籍人口特别是进城农民落户进展情况进行跟踪监测和监督检查，及时向社会公布有关情况。2018年组织开展对1亿非户籍人口在城市落户情况的中期评估，2020年进行总结评估。（公安部、国家发展改革委牵头）

（十九）强化政策效果。对国发〔2014〕25号、国发〔2016〕8号等国务院文件已明确的相关配套政策，有关部门要加快工作进度，确保在2016年底前出台。采取自我评估和第三方评估相结合的方式，对相关配套政策实施情况进行跟踪分析，动态调整完善政策，强化政策实施效果。（推进新型城镇化工作部际联席会议负责统筹协调，国务院有关部门按职责分工负责）

（二十）强化审计监督。将非户籍人口在城市落户情况和相关配套政策实施情况纳入国家重大政策措施落实情况跟踪审计范围，将审计结果及整改情况作为有关部门考核、任免、奖惩领导干部的重要依据。（审计署牵头）

各地区、各部门要高度重视新型城镇化建设各项相关工作，统一思想，提高认识，加大力度，切实抓好本方案实施，确保1亿非户籍人口在城市落户目标任务如期完成。

福建省居民户口登记管理办法

福建省人民政府令

第 179 号

《福建省居民户口登记管理办法》已经 2016 年 10 月 20 日省人民政府第 72 次常务会议通过，现予公布，自 2017 年 1 月 1 日起施行。

福建省省长
2016 年 10 月 21 日

第一章 总 则

第一条 为了保障公民合法权益，根据国家户口登记有关法律法规，结合本省实际，制定本办法。

第二条 本省行政区域内的户口登记管理适用本办法。

本办法所称户口登记，包括登记、注销、迁移、项目变更、更正。

第三条 公民户口以在经常居住地登记为原则，实行属地管理。一个公民只能登记一个户口。

第四条 依法登记户口是公民的基本权利。

公民申报户口登记应当遵循诚实信用原则。

公民户口登记诚信评价结果向社会公开、受社会监督。

第五条　户口登记管理由县级以上人民政府公安机关负责。具有户口管理职能的公安派出所（含边防派出所）为户口登记机关。

第六条　县级以上人民政府卫生计生、民政、民族宗教、侨务、司法行政、教育、住房和城乡建设、国土资源、人力资源和社会保障等部门应当按照职责协助做好户口登记的相关工作。

乡镇人民政府（街道办事处）、村（居）民委员会应当协助公安机关做好户口调查的有关工作。

第二章　部门职责

第七条　县级以上人民政府有关部门应当坚持便民利民原则，依法如实签发、出具公民申报户口登记所需的证件、证明文件或者鉴定文书。

公民因申报户口登记事项，需要有关部门出具或者换发、补发有关证件、证明文件的，有关部门应当按照有关规定予以办理；不能办理的，应当书面说明理由。

第八条　县级以上人民政府卫生计生部门负责指导监督医疗卫生机构规范签发《出生医学证明》《居民死亡医学证明（推断）书》。《出生医学证明》签发机构应当查看并如实登记新生儿父母身份信息，随父或者随母登记新生儿姓氏。

县级人民政府卫生计生部门应当对公安机关移送的可疑《出生医学证明》进行鉴定，并在1个月内反馈鉴定结果。

第九条　县级以上人民政府民政部门负责接收、安置本辖区查找不到生父母和其他监护人的未成年人，优先保障移送人依法收养或者接受寄养，并及时办理户口登记；督促殡葬服务单位按照规定落实火化登记并建立信息平台，与公安部门共享有关登记信息。

第十条　县级以上人民政府人力资源和社会保障部门负责为公民出具申报户口登记所需的有关社会保险证明材料。

第十一条　县级以上人民政府国土资源、住房和城乡建设部门协助公安机关调查、反馈辖区内落户公共地址和集体户人员的房产登记、租赁情况。

第十二条　县级以上人民政府民族宗教部门负责为公民申请变更民族成份出具审批意见。

第十三条　县级以上人民政府侨务部门负责为来本省定居的国外中国公民出具申报户口登记所需的华侨身份证明材料。

第十四条　县级以上人民政府教育部门负责督促指导大中专院校配合公安机关落实学校学生集体户管理措施。

第十五条　县级以上人民政府司法行政部门负责监督指导公证机构、司法鉴定机构规范出具涉及户口登记事项的公证书或者司法鉴定意见书。

第十六条　国家机关、事业单位等应当将公民户口登记诚信评价结果纳入个人诚信记录档案。

第三章　户口登记

第一节　一般规定

第十七条　户口登记以户为单位。

共同居家生活、成员间以亲属关系维系的，登记家庭户，原则上由成员中具有完全民事行为能力的房屋产权所有人或者公共租赁住房承租人担任户主，颁发家庭《居民户口簿》。家庭户户主负责申报与户有关的户口登记，督促户内其他成员申报户口登记。

机关、团体、企业事业单位和依法登记的宗教活动场所，成员间不存在家庭关系的，登记集体户，由所在单位指定一名成员担任户主，颁发集体《居民户口簿》。集体户户主协助公安机关做好户内其他成员申报户口登记。

第十八条 公民申报户口登记事项应当由本人提出书面申请；本人因故无法申报的，可以书面委托家庭户内成员或者直系亲属代为申报。

无民事行为能力人和限制民事行为能力人的户口登记事项由其监护人或者户主申报。

投靠户口迁移事项，由被投靠人申报。

第十九条 家庭户立户以房屋权属证明、土地使用证明或者公共租赁住房使用证明为依据。

非住宅用房、违法建造的房屋，不得立户。

第二十条 家庭户内成员有下列情形之一的，可以申请分户：

（一）结婚且仍在本地址居住的；

（二）取得立户房屋部分产权或者公共租赁住房部分使用权的。

分户时，原户内的下列成员应当分在同一户内：

（一）夫妻；

（二）未取得立户房屋部分产权或者公共租赁住房部分使

用权的未婚子女及其父母。

第二十一条 机关、团体、企业事业单位和依法登记的宗教活动场所，符合所在地县级人民政府公安机关规定条件的，可以申请设立集体户。

一个单位原则上只设立一个集体户。

学校学生集体户仅限于学校录取的学生落户。

第二十二条 已设立的集体户不再符合立户条件的，应当销户。

第二十三条 户口登记机关应当确定一个公共地址，用于登记符合在本辖区内登记条件，但暂时无处落户人员的户口。

房屋所有权、使用权发生转移，原产权所有人、使用人应当将户内成员户口迁出，拒不迁出的，户口登记机关可以将其迁移到公共地址。

第二十四条 公民采用隐瞒事实真相、编造虚假事实、提交虚假声明或者证明材料等手段办理户口登记事项，经查实的，户口登记机关应当撤销相应的户口登记。

公安机关进行户口调查时，公民应当如实提供有关情况。

第二十五条 公民拒不履行户口登记义务，影响户口登记正常管理秩序的，户口登记机关可以冻结其户口业务办理或者直接变更、更正户口登记项目以及强制迁移、注销户口。

第二十六条 户口登记申请材料为外文的，应当同时提供经我国驻外使（领）馆认证或者公证机构公证的中文译本。

第二十七条 对户口登记过程收集掌握的公民个人信息，户口登记机关应当保密。

户籍档案应当按照规定立卷、归档、妥善保管、规范使用。

第二十八条 户口簿和户口迁移证件,除丢失、损坏补办或者迁移证件过期失效重办外,免收工本费。

第二节 登 记

第二十九条 公民有下列情形之一的,应当申报户口登记:

(一) 生育子女的;

(二) 收养子女的;

(三) 军人退役的;

(四) 捡拾抚养查找不到生父母和其他监护人的未成年人的;

(五) 户口被错误注销的;

(六) 应当申报户口登记的其他情形。

第三十条 生育子女申报出生户口登记的,按照随父或者随母登记的原则,依据《出生医学证明》和父母婚姻状况证明办理;非婚生子女申请随父登记的,还应提交亲子鉴定证明。

户口登记机关不得设置不符合户口登记规定的前置条件。

第三十一条 公民申报户口登记的姓名,应当遵循公序良俗,使用通用规范汉字,首次登记的姓氏应当随父姓或者随母姓。少数民族和被批准入籍的公民,应当登记汉字译写的姓名。

第三十二条 公民申报户口登记的出生日期和性别,根据《出生医学证明》确定;无《出生医学证明》的,根据医院分娩记录、病案档案、婴儿免疫接种规划卡或者户口调查确定。

出生日期应当登记为公历时间，一经登记不得变更。

第三十三条 公民申报户口登记的民族，根据父亲或者母亲的民族成份确定，所登记的民族应当是国家正式认定的民族名称，登记后一般不得变更。

第三十四条 公民申报户口登记的籍贯，原则上登记其祖父居住地，无法确定祖父居住地的，随父亲籍贯；无法确定父亲籍贯的，以出生地为籍贯；父母一方为中国台湾籍的，籍贯可以登记为中国台湾。

外国人经批准加入中国国籍的，以入籍前所在国家为籍贯。

籍贯不详的弃婴，以收养人籍贯或者收养机构所在地为籍贯。

第三十五条 公民文化程度、婚姻状况、兵役状况、服务处所和职业等其他户口登记项目，依据有关证件进行登记。

第三十六条 公民首次申报户口登记时，由公安机关按照公民身份号码国家标准编制并登记公民身份号码。

第三十七条 《出生医学证明》有下列情形之一的，不得作为办理出生户口登记的证明材料：

（一）新生儿姓氏非随父姓或者随母姓的；

（二）新生儿姓名中含有非通用规范汉字的；

（三）字迹无法辨认、被涂改的；

（四）被私自裁切的；

（五）有关项目填写不真实的。

第三十八条 收养子女申报户口登记的，养子女随抚养人登记户口，以《收养证》或者记载收养事实的《公证书》为依据。

第三十九条 被私自收养的未成年人，按照下列顺序办理户口登记：

（一）随生父或者生母登记；

（二）在社会福利机构集体户登记；

（三）随抚养人以非亲属关系登记。

第四十条 军人退役申报户口登记的，依据县级以上安置部门介绍信，在安置地申报。

因不合格退出现役、被开除军籍或者除名的，依据部队有关证明在原户口注销地或者现家庭所在地申报。

第四十一条 符合在本省定居条件的国（境）外中国公民，可以依据相关批准文件向拟定居地申报户口登记。

第三节 注 销

第四十二条 死亡、被人民法院宣告死亡的公民，其户主、监护人、近亲属、抚养人或者赡养人应当为其申报死亡登记，注销户口。

第四十三条 公民有下列情形之一的，应当申报户口注销：

（一）加入外国国籍的；

（二）应征入伍的；

（三）往香港、澳门、台湾定居的；

（四）多重户籍的；

（五）随抚养人以非亲属关系登记户口后找到生父母的。

第四十四条 外国人在本省福利院收养儿童办理收养手续后，福利院应当为被收养儿童申报户口注销。

第四十五条　户口登记机关发现公民户口应销未销的，可以催告有关人员履行申报义务，无法催告的，可以采取公告方式；经催告或者公告后，有关人员仍不履行申报义务的，公安机关可以直接注销户口。

第四节　迁　移

第四十六条　户口迁移实行迁入地条件准入制。

第四十七条　户口迁移以《准予迁入证明》《户口迁移证》为依据，按照迁入地核准、迁出地迁出、迁入地落户的流程进行。

迁入和迁出地均在本省范围内的户口迁移，采取公民在迁入地直接申报的方式办理，不再开具迁移证件。

第四十八条　公民有下列情形之一的，可以申报户口迁移：

（一）符合直系亲属投靠规定的；

（二）符合大中专院校毕业生就业落户规定的；

（三）被大中专院校录取需要将户口迁往院校集体户的；

（四）录（聘）用调动的；

（五）符合随军条件的；

（六）符合本省农业转移人口落户规定的；

（七）符合设区的市级以上人民政府的购建房、投资兴业、引进人才等落户规定的。

第四十九条　公民在户口所在地设区的市市辖区、县（市）内取得合法稳定住所的，应当将单位集体户（含单位集体户地址上家庭户）、公共地址或者拆迁地址上的户口迁至合法稳定住所地址落户。

第五节　项目变更、更正

第五十条　公民户口登记事项发生变化的，应当及时向户口登记机关申报变更登记，并提交与申报变更事项相关的证明材料。

公民发现户口登记事项有差错的，应当及时向户口登记机关申报更正登记，并提交与申报更正事项相关的证明材料。

对公民申报变更、更正登记的申请，公安机关应当进行核查；情况属实的，予以变更、更正。

第五十一条　有下列情形之一的，应当申报变更户主：

（一）原户主死亡、被宣告死亡或者被宣告失踪的；

（二）原户主户口迁出的；

（三）房屋所有权或者使用权发生转移的；

（四）原户主加入外国国籍或者在港、澳、台地区定居的；

（五）其他特殊原因应当变更的。

申报集体户变更户主的，应当由单位向户口登记机关提出。

第五十二条　公民出生日期确因户口登记机关录入等原因造成登记错误的，应当予以更正。

第五十三条　按照规定，未满18周岁的未成年人，其监护人经协商一致可以申报名字变更登记；已满18周岁的，本人可以根据意愿申报名字变更登记。

10周岁以上未成年人变更姓名的，应当征得本人的同意。

第五十四条　有下列情形之一的，可以申报姓氏变更登记：

（一）选取其他直系长辈血亲姓氏的；

（二）因由法定扶养人以外的人扶养而选取扶养人姓氏的；

（三）少数民族公民选取的姓氏符合本民族的文化传统和风俗习惯的；

（四）有不违反公序良俗的其他正当理由的。

第五十五条　有下列情形之一的，不予办理姓名变更登记：

（一）因涉嫌刑事犯罪尚未审结的，或者刑罚尚未执行完毕的；

（二）因犯罪被人民法院禁止从事相关职业，期限未届满或者被法律法规列为职业禁止对象的；

（三）因行政处罚案件尚未作出决定或者行政处罚尚未执行完毕的；

（四）因民事、行政诉讼案件尚未审结或者尚未执行完毕的；

（五）个人信用有严重不良记录的；

（六）被限制出国（境）期限未满的；

（七）户口登记机关认定不宜变更的其他情形。

已核准变更姓名后发现存在上述情形的，公安机关应当立即撤销变更的决定，恢复其变更前的姓名。

第五十六条　公民实施变性手术后申报性别变更登记的，应当提交相关司法鉴定意见书或者国内三级医院出具的并经公证的性别鉴定证明。

第五十七条　公民申报民族变更登记的，应当提交设区的市人民政府民族宗教部门批准变更民族成份的证明。

第五十八条　公民变更更正性别或者更正出生日期的，公安机关应当按照公民身份号码国家标准变更公民身份号码。

第五十九条　公民文化程度、婚姻状况、兵役状况、服务处所和职业等其他户口登记项目发生变化或者出现差错的，可以凭相关证明材料申请变更、更正登记。

第六节　办理程序

第六十条　户口登记事项由户口登记机关、县级人民政府公安机关、设区的市级人民政府公安机关根据规定权限予以核准。

第六十一条　对符合条件、证明材料齐全，且按规定可以当场办理的户口登记事项，户口登记机关应当当场予以办理；对申报材料不全的，应当当场一次性书面告知需要补正的全部材料。

第六十二条　对符合条件、证明材料齐全，但按规定需要调查核实、上报核准的，分别按照下列规定办理：

（一）属于户口登记机关核准的，户口登记机关应当在5个工作日内完成户口调查后作出是否核准的决定，并通知申报人；

（二）需报经县级人民政府公安机关核准的，户口登记机关在完成户口调查后上报县级人民政府公安机关，县级人民政府公安机关应当在5个工作日内作出是否核准的决定，并通知户口登记机关；

（三）需报设区的市级人民政府公安机关核准的，县级人民政府公安机关应当在5个工作日内签署审查意见后上报设区的市级人民政府公安机关，设区市级人民政府公安机关应当在 5 个工作日内作出是否核准的决定，并通知县级人民政府公安机关，县级人民政府公安机关应当立即通知户口登记机关。

补正材料时间、公告时间以及发函调查时间不计入前款规定时限。

户口登记机关应当在接到县级人民政府公安机关通知后 3 个工作日内，通知申报人。

第六十三条　申报人应当在收到核准通知之日起 60 日内前往户口登记机关办理相关户口登记，逾期未办理的应当重新申报。

第四章　户籍证明

第六十四条　《居民户口簿》《居民身份证》是证明公民身份的法定证件。公民从事有关活动，凭《居民户口簿》《居民身份证》证明本人身份。

任何单位和个人不得要求公民提供与《居民户口簿》《居民身份证》登记项目相同的证明，但是因身份证件丢失、被盗或者忘记携带等，无法证明身份办理入住旅店、乘坐交通工具或者参加法律规定的国家考试以及因特殊原因未能出示居民户口簿办理婚姻登记的除外。

第六十五条　公民需要证明下列事项之一，凭居民户口簿、居民身份证或者护照均无法证明的，可以申请户口登记机关出具户籍证明，户口登记机关应当根据户籍档案记载内容如实出具：

（一）姓名、性别、民族、出生日期、公民身份号码变更更正情况或者因户口迁移，在居民户口簿上未体现的其他户口登记项目内容变更更正情况；

（二）与曾经同一家庭户成员间登记的亲属关系；

（三）因服现役、加入外国国籍、出国（境）定居、被判处徒刑注销户口或者重复（虚假）户口被注销的情况；

（四）与本人有同一家庭户、监护、抚养、赡养关系的人员死亡注销户口的情况。

第六十六条　公安、检察院、法院、国家安全机关、监察部门以及其他政府执法部门因办案、调查需要，律师因代理案件或者公证机构因办理公证需要可以按照有关规定向公安机关申请查询公民个人户籍资料。

第五章　法律责任

第六十七条　违反本办法规定，公民申报户口登记有下列违反治安管理行为之一的，由县级人民政府公安机关按照《治安管理处罚法》第五十二条给予处罚；构成犯罪的，依法追究刑事责任：

（一）伪造、变造《出生医学证明》的；

（二）买卖或者使用伪造、变造的《出生医学证明》、亲子司法鉴定意见书、《收养证》等证明材料的；

（三）伪造、变造《户口迁移证》《户口准予迁入证明》的；

（四）伪造、变造政府公文申请办理本人或者被监护人户口登记事项的。

第六十八条　违反本办法规定，机关、团体、企业事业单

位有下列行为之一的,由县级人民政府公安机关处以 3000 元罚款:

(一) 为当事人出具虚假证明的;

(二) 为户口调查对象作伪证的。

个人在申报户口登记事项时提供虚假自陈材料的,处以 1000 元罚款。

第六十九条 违反本办法规定,公安机关及其工作人员在办理公民申报户口登记时有下列行为之一的,对直接责任的主管人员以及其他直接责任人员依法给予处分;构成犯罪的,依法追究刑事责任:

(一) 对符合规定的申请不予办理或者不予核准的;

(二) 对不符合规定的申请给予办理的;

(三) 无正当理由不在规定期限内办结的;

(四) 教唆或者协同当事人编造虚假材料的;

(五) 索取、收受他人财物或者谋取其他利益的;

(六) 违反规定提供公民户口登记信息的;

(七) 工作疏忽大意导致严重后果的。

第六章 附 则

第七十条 省人民政府公安机关应当根据本办法制定具体实施规定。

户口登记诚信评价工作由省人民政府公安机关负责组织实施。

第七十一条 本办法中下列用语的含义:

(一) "立户",指确认户口登记范畴的地址;

（二）"落户"，指在立户地址上登记户口；

（三）"分户"，指同户成员在原址上分出多个户主；

（四）"注销"，指将登记在原址上的户口除去；

（五）"投靠"，指基于亲属关系申请将户口迁移至其他成员处登记。

第七十二条 本办法自 2017 年 1 月 1 日起施行。

浙江省常住户口登记管理规定（试行）

关于印发《浙江省常住户口登记
管理规定（试行）》的通知
浙公通字〔2008〕82号

各市、县（市、区）公安局：

　　为规范我省常住户口登记管理工作，保障公民合法权益，维护社会秩序，促进社会和谐，方便群众办事，根据国家有关户籍管理法律法规和政策的规定，省厅制定了《浙江省常住户口登记管理规定（试行）》，现印发给你们，请认真贯彻执行。

　　本规定自2008年7月1日起施行。以前本厅有关规定与本通知不一致的，以本通知为准。

　　执行中遇到的问题，请及时报告省厅。

浙江省公安厅
二〇〇八年五月十五日

第一章　总　则

　　第一条　为保障公民合法权益，维护社会秩序，促进社会和谐，方便群众办事，根据有关法律、法规等规定，制定本规定。

第二条　本省行政区域内公民常住户口的登记管理,适用本规定。公民居民身份证的申领和发放,依照有关规定进行管理。

第三条　公民应当依照本规定在经常居住的合法固定住所地登记常住户口。一个公民只能在一个地方登记常住户口。

第四条　公民的户口迁移,遵循经常居住地登记户口、人户一致和整户迁移的原则,实行条件准入制。

第五条　户口登记管理工作,由各级公安机关主管,具体管理职能由各级公安机关户口管理部门承担。具有户口登记管理职能的公安派出所和由公安机关设置的户证办理中心、办证中心等机构,具体承办本辖区的户口登记管理工作。

第六条　承办具体户口登记管理工作,由取得户口管理岗位任职资格的在编、在职民警负责。户口协勤人员可以协助从事户口登记事项受理、人口信息录入、户口档案整理等辅助性工作。

第七条　县级以上公安机关和公安派出所(包括具体承办户口登记管理工作的户证办理中心、办证中心等,下同)应当按照核定的收费标准收取有关证件工本费,收费标准应当向社会公开。

第二章　立户分户登记

第八条　户口登记以户为单位。共同居住生活在同一住址、同一成套合法固定住所内的常住人口,立为一户。单身居住的,可以单立为一户。

一般住家户以家庭为单位立户。非住宅用房和违法建造的房屋，不予立户。

第九条 家庭户户主一般由户内常住人口中合法固定住所的所有人或者使用人担任。集体户户主由所在单位指定。未成年人一般不能担任户主。

家庭户户主负责保管本户的居民户口簿，申报与户有关的户口登记，督促户内其他成员申报户口登记。

第十条 符合立户条件的，可以由户主持下列证明材料之一，向合法固定住所所在地的公安派出所申报立户登记：

（一）房屋权属证明；

（二）公有房屋租赁使用证明；

（三）国土资源、建设（房地产）等行政主管部门出具的有关房屋所有权或者使用权的相应凭证；

（四）其他能够证明房屋所有权或者使用权属于申请人的证明。

第十一条 房屋所有权、使用权发生转移，新入住户要求户口迁入而原住户拒不迁出的，新入住户可以按本规定第十条之规定申报立户登记。

第十二条 户内因发生婚姻、分家等变化需要分户，且房屋所有权、使用权已经分割的，可以凭能够证明房屋所有权、使用权已经分割的证明材料申报分户登记。房屋所有权、使用权未分割的，不予分户。

第十三条 符合下列条件的机关、团体、企业、事业单位，经公安派出所核准，可以设立单位集体户：

（一）集体宿舍房屋产权为本单位所有；

（二）有居住在本单位集体宿舍且相互之间无家庭成员关

系的职工；

（三）居住集体宿舍人员数量较多（一般不少于10人），确有设立单位集体户必要；

（四）有专人负责协助管理集体户口。

非本单位职工不得挂靠单位集体户。一个单位一般只设立一个单位集体户。

第十四条 符合下列条件的全日制普通高等学校和普通中等学校（以下简称大中专院校），经县级以上公安机关户口管理部门核准，可以设立学生集体户：

（一）具有相应的学历教育招生资格；

（二）具有招收外地生源学生资格；

（三）有专人负责协助管理集体户口。

第十五条 根据需要，经公安派出所核准，可以以乡（镇、街道）或者社区、村（居）委会为单位设立社区集体户，统一挂靠符合当地落户条件但在本地无合法固定住所且无处挂靠户口公民的户口。

第三章 出生登记

第十六条 婴儿（包括超计划生育、非婚生育的婴儿）出生后一个月以内，由婴儿的监护人或者户主持出生医学证明向婴儿父亲或者母亲常住户口所在地的公安派出所申报出生登记。

第十七条 户口登记的姓名，应当使用规范汉字，符合公序良俗，可以随父姓或者随母姓。

第十八条 户口登记的民族，应当依据父亲或者母亲的民族成份确定，所登记的民族应当是国家正式认定的民族族称。

第十九条 大中专院校的已婚学生夫妻双方户口均属学生集体户口的，在学期间所生子女的户口应当在该子女的祖父母或者外祖父母常住户口所在地的公安派出所申报出生登记。待夫妻一方或者双方毕业并办理户口迁移手续后，再办理该子女投靠父母的落户手续。

大中专院校的已婚学生夫妻一方户口属学生集体户口，其配偶为非学生集体户口的，在学期间所生子女的户口应当在其配偶常住户口所在地的公安派出所申报出生登记。

第二十条 夫妻一方为现役军人、一方为地方居民的，所生子女应当在地方居民一方常住户口所在地的公安派出所申报出生登记。夫妻双方均为现役军人的，所生子女可以在父亲或者母亲部队所在地的公安派出所申报出生登记，也可以在祖父母或外祖父母常住户口所在地的公安派出所申报出生登记。

第二十一条 出国人员在国外所生具有中国国籍、未满5周岁的子女，凭子女的出生证明、子女和父母回国使用的护照或旅行证、父母的结婚证明等（前述证明的文字为非中文的，还应当提交翻译件），向父亲或者母亲常住户口所在地的公安派出所申报出生登记。所生子女已取得住在国长期（永久）居留权，或者已在住在国连续合法居留满5年的，还应当提交该子女的华侨回国定居证和批准定居通知书。

第二十二条 公民个人收养的婴儿未办理出生登记的，由收养人持民政部门出具的收养登记证向收养人常住户口所在地的公安派出所申报出生登记。

社会福利机构抚养的查找不到生父母的弃婴、儿童，由该机构负责人持婴儿、儿童基本情况证明以及收养社会福利机构资格证明，向该机构所在地公安派出所申报出生登记。

第二十三条　婴儿出生时已经死亡的，不进行出生登记。婴儿出生后，在申报出生登记前死亡的，应当同时申报出生和死亡登记。

第四章　死亡登记

第二十四条　公民自然死亡的，应当在一个月以内，由户主、亲属或者社区、村（居）委会持死亡公民的死亡证明、居民户口簿和居民身份证，向死亡公民户口所在地的公安派出所申报死亡登记，注销户口。

死亡证明是指：公民死于医疗单位的，凭《死亡医学证明书》；公民正常死亡但无法取得医院出具的死亡证明的，凭社区、村（居）委会或者基层卫生医疗机构出具的证明；公民非正常死亡或者卫生部门不能确定是否属于正常死亡者，凭公安司法部门出具的死亡证明；死亡公民已经火化的，凭殡葬部门出具的火化证明。

第二十五条　公民被宣告死亡的，由利害关系人持人民法院死亡宣告判决书和相关证件向公安派出所办理注销户口手续。

被宣告死亡的公民重新出现或者确知其没有死亡的，本人或者利害关系人可以持人民法院撤销宣告判决书申报恢复户口。

第二十六条 公民死亡,申报义务人未按规定申报死亡登记的,利害关系人、发现人或者社区、村(居)委会可以向公安派出所报告。公安派出所经调查核实后,应当告知申报义务人按规定申报死亡登记。经告知后,申报义务人仍不按规定申报死亡登记的,公安派出所可以凭调查取得的材料,注销死亡公民的户口。

第二十七条 公民在暂住地死亡的,暂住地公安机关应当根据死亡公民暂住地的出租人、旅店管理人或者其他人员的申报,将死亡公民的姓名和死亡的地点、时间、原因等及时通知死亡公民常住地公安机关,由死亡公民常住地公安派出所办理死亡登记,注销户口。无法查明死亡公民常住地的,暂住地公安机关应当将已经查明的事项和死亡情况登记备查。

第二十八条 公民在迁移过程中死亡的,由迁入地公安派出所办理迁入和死亡登记。

第二十九条 办理死亡登记时,应当登记死亡公民的有关情况,在本人居民户口簿、常住人口登记表等簿册和人口信息管理系统中注销户口,并缴销居民身份证;单身独户的,还应当缴销居民户口簿。

第五章 迁移登记

第三十条 公民离开户口登记的常住地到另一常住地实际长期居住的,应当由迁移人或者户主及时向公安派出所申报迁移登记。

第三十一条 公民申报迁移登记时,应当提交与迁移事由相关的证明材料,并按规定申领户口准迁证、户口迁移证等户口迁移证件。

第三十二条 户口准迁证、户口迁移证等户口迁移证件超过有效日期、登记的迁往地址与迁入地不一致或者遗失的,应当凭有关证明材料向原签发机关申请换发、补发或者重新申领。

第三十三条 按规定允许户口挂靠亲友的户口迁移,被挂靠户的户主为落户担保人,承担通知、督促挂靠人按规定申报户口登记的责任。

第三十四条 公民申报市内迁移户口的,应当符合立户登记的规定,直接到迁入地公安派出所办理迁移手续。

本规定所称"市内迁移",是指设区市市辖区或者县(市、区)范围内的户口迁移。

第三十五条 有下列情形之一的公民,应当将户口迁往本人的合法固定住所处;本人无合法固定住所的,可以迁往同意被投靠、有家庭户口的亲友处;本人无合法固定住所且无处投靠的,应当迁往所在社区、村(居)委会或者乡(镇、街道)的社区集体户:

(一)因房屋产权转移、离婚等原因,失去现户口登记住址所在地房屋所有权或者使用权的;

(二)因征地、房屋拆迁等原因,失去现户口登记住址所在地房屋所有权或者使用权的;

(三)户口登记在单位集体户,现单位不存在、本人离开单位或者本人带有家庭成员的;

(四)其他按规定应当将户口迁出现户口登记住址的情形。

申报义务人不按本条规定迁移户口的，经县级公安机关核准，公安派出所可以凭调查取得的材料，将有关公民的户口迁往本人的合法固定住所处或者本人所属社区、村（居）委会或者乡（镇、街道）的社区集体户。

第三十六条　户内成员因法律关系发生变化，一方申报户口迁移登记，另一方不愿拿出居民户口簿，经公安派出所调解、说服教育仍不理的，可以凭相关法律文书办理户口迁移手续。

第三十七条　公民因亲属投靠、工作调动、人才引进、购房落户、投资纳税落户等原因申报市外迁入的，应当符合国家或者本省的落户规定。

本规定所称"市外迁入"，是指跨设区市市辖区或者跨县（市、区）的户口迁入。

第三十八条　考取大中专院校的新生，入学时可以凭新生录取证明自愿选择将户口迁往学校。学校开学后，迁出地公安机关不再办理新生的户口迁出手续。

被军事院校录取的新生，属现役军人的，凭新生录取证明注销户口；不属现役军人的，按前款规定办理。

被宗教院校录取的新生，一般不予办理户口迁出手续。

第三十九条　大中专院校申报新生迁入登记时，应当向学校所在地公安派出所出具盖有招生主管部门录取专用章的录取新生名册和落户新生的户口迁移证。

入学时已将户口迁入学校学生集体户的，在学期间不办理户口迁出手续，国家或者本省另有规定的除外。

第四十条　大中专院校新生入学时已将户口从原籍迁出，

但未在户口迁移证有效日期内申报迁入学校学生集体户的，应当持户口迁移证向原迁出地公安派出所申请恢复户口。

第四十一条　普通高等学校学生（含研究生及以上学历学生，下同）在学期间被批准转学，要求将户口迁往省内其他地区的，凭省级高教主管部门的批准文件办理户口迁移手续；要求将户口迁往省外的，凭转出地和转入地省级高教主管部门的批准文件办理户口迁移手续。

普通高等学校学生在学期间因故退学或者肄业的，凭学校批准文件或者相关证明办理户口迁移手续。

第四十二条　普通中等学校学生在学期间因故转学、退学或者肄业的，凭市级中专主管部门或者学校的批准文件办理户口迁移手续。

第四十三条　毕业当年12月31日前已落实就业岗位的普通高等学校毕业生，应当凭毕业证书、就业报到证、用人单位录（聘）用证明、户口迁移证等材料，向就业地公安派出所直接申报迁入登记。

第四十四条　毕业当年12月31日前未落实就业岗位的普通高等学校毕业生，应当凭毕业证书、户口迁移证等材料，向入学前户口所在地或者现家庭所在地公安派出所申报迁入登记。

第四十五条　毕业次年1月1日后，持户口迁移证未按规定申报迁入登记的普通高校毕业生，应当凭毕业证书、户口迁移证等材料，向入学前户口所在地或者现家庭所在地公安派出所申报迁入登记；其中已落实就业岗位的，可以再凭就业所在地公安机关签发的户口准迁证办理户口迁移手续。

第四十六条 取得我省高等教育自学考试毕业证书或者国家学历文凭毕业证书的本省籍非在职高等教育学历考试毕业生，可以凭毕业证书、就业报到证、用人单位录（聘）用证明、户口迁移证等材料，向就业地公安派出所申报迁入登记。

第四十七条 普通中等学校毕业生毕业时，符合就业地落户条件的，应当将户口迁往就业地；未落实就业岗位或者不符合就业地落户条件的，应当将户口迁回入学前户口所在地或者现家庭所在地。

第六章 变更更正登记

第四十八条 公民户口登记事项发生变化的，应当及时向公安派出所申报变更登记，并提交与申报变更事由相关的证明材料；公民发现户口登记事项有差错的，应当及时向公安派出所申报更正登记，并提交与申报更正事由相关的证明材料。

对公民申报变更更正登记的申请，公安机关应当进行核查；情况属实的，予以变更更正。

第四十九条 有下列情形之一的，可以申请变更户主：

（一）原户主死亡、被宣告死亡或者被宣告失踪的；

（二）原户主户口迁出的；

（三）房屋所有权或者使用权发生转移，现房屋所有权人或者使用人认为需要变更的；

（四）其他特殊原因应当变更户主的。

集体户申请变更户主的，应当由单位向公安派出所提出。

第五十条　出生日期不得更改。户口登记的出生日期与实际出生日期确实不一致，公民本人或者监护人向户口所在地的公安派出所申报更正出生日期登记的，应当提交合法、确凿充分的证明材料。公安派出所应当及时进行调查核实，经县级公安机关审批后，予以办理出生日期更正登记。

组织、人事部门管理的干部本人要求确定或者更改出生日期的，公安派出所一律不予受理。

第五十一条　公民申请变更姓名的，应当提供变更理由和相关证明材料，经户口所在地公安派出所调查核实，县级公安机关审批后，给予更改。

未成年人变更姓名的，应当经父母双方或者监护人协商一致；10周岁以上未成年人变更姓名的，还应当征得其本人的同意。

第五十二条　有下列情形之一的，可以由公民本人或者监护人申请变更姓氏：

（一）因血亲关系在父姓和母姓之间变更的；

（二）因收养关系变更姓氏的；

（三）因父母离婚或者再婚未成年子女变更姓氏的；

（四）公安机关认定确需变更姓氏的其他特殊情形。

第五十三条　有下列情形之一的，可以由公民本人或者监护人申请变更名字：

（一）姓名或者姓名的谐音违背公序良俗的；

（二）姓名或者姓名的谐音易造成性别混淆、他人误解或者伤及本人感情的；

（三）名字中含有冷僻字的；

（四）公安机关认定确需变更名字的其他特殊情形。

第五十四条 有下列情形之一的，暂缓办理姓名变更登记：

（一）正在服刑或者被劳动教养、采取刑事强制措施的；

（二）更正出生日期未满三年的。

第五十五条 公民实施变性手术后，应当由公民本人或者监护人凭县级以上医院为其成功实施手术的证明，向户口所在地公安派出所申报变更性别登记；经公安派出所调查核实，县级公安机关核准后，给予变更性别。

第五十六条 有下列情形之一的，公民应当向户口所在地公安派出所申报更正公民身份号码登记；经公安派出所调查核实，县级公安机关核准后，给予更正公民身份号码：

（一）公民身份号码属重号、错号的；

（二）更正出生日期的；

（三）更改性别的。

公安机关发现公民身份号码属重号、错号的，应当告知公民本人申报更正登记；经告知后，公民本人仍不按规定申报更正登记的，公安机关可以凭调查取得的材料，更正其公民身份号码，并书面告知公民本人。

第五十七条 公民申请变更民族登记的，应当提交县级以上人民政府民族工作主管部门批准变更民族成份的证明，经户口所在地公安派出所调查核实，县级公安机关核准后，给予更改。年满20周岁的公民要求变更民族成份的，公安机关依照国家有关规定不予受理。

第五十八条 公民的籍贯、出生地、文化程度、婚姻状况、兵役状况、服务处所和职业等户口登记项目发生变化或者出现差错的，可以由本人或者户主，凭相关证明材料向户口所在地派出所申请变更更正登记。

第七章　注销、恢复与其他登记

第五十九条　被批准服现役的应征公民在入伍前，应当由本人或者家属持应征公民入伍通知书，向公安派出所申报注销户口。被批准服现役的应征公民未按规定申报注销户口的，公安派出所可以凭人民武装部门出具的应征公民入伍人员名单，直接注销其户口。

第六十条　军人退伍、复员、转业的，凭县级以上安置办公室或者兵役机关开具的介绍信，向安置地公安派出所申报户口登记；被部队开除军籍或者除名的，凭部队有关文件向原户口注销地或者现家庭所在地公安派出所申报户口登记。

第六十一条　经批准前往香港、澳门定居的，凭公民因私出境定居注销户口通知单注销户口，缴销居民身份证。已在境外定居但未按规定申报注销户口的，经县级以上公安机关出入境管理部门确认，户口所在地公安派出所应当注销其户口。

第六十二条　经批准前往台湾定居的，按国家有关规定办理。

第六十三条　已加入外国国籍或者在国外定居的，应当由本人或者亲属持护照等合法有效身份证件，向户口所在地公安派出所申报注销户口。已加入外国国籍或者确属华侨身份但未按规定申报注销户口的，经县级以上公安机关出入境管理部门确认，户口所在地公安派出所应当注销其户口。

第六十四条 获准回内地定居的港澳居民，应当由本人持批准定居通知书和港澳居民定居证，向定居地公安派出所申报户口登记。

第六十五条 获准定居大陆的台湾居民，应当在批准定居通知书规定的时限内，由本人持批准定居通知书和台湾居民定居证，向定居地公安派出所申报户口登记。

第六十六条 获准回国定居的华侨，应当在批准定居通知书规定的时限内，由本人持批准定居通知书和华侨回国定居证及其回国使用的护照等合法有效身份证件，向定居地公安派出所申报户口登记。

第六十七条 出国、出境公民除在国外、境外定居外，不注销户口。之前因私短期出国（出境）被注销户口、现回国（入境）要求恢复户口的，可以由本人凭回国（入境）使用的护照等合法有效身份证件，向出国前户口所在地公安派出所申报恢复户口，但具有华侨身份的除外。

第六十八条 被逮捕、判刑或者劳动教养的公民，不注销户口。之前因逮捕、判刑或劳动教养已被注销户口的，在刑满释放、解除劳动教养或者假释后，应当持劳改、劳教单位开具的证明在原户口注销地公安派出所申报恢复户口；在原户口注销地已不具备落户条件、要求异地恢复户口的，应当报落户地县级以上公安机关审批。

第六十九条 被监外执行要求恢复户口的，可以由本人凭人民法院的判决、裁定或者监狱管理机关对罪犯批准保外就医的决定等向原户口注销地公安派出所申报，经县级公安机关审批后，办理恢复户口登记。

第七十条 公民下落不明的，失踪公民的家属、单位、社区、村（居）委会应当向其户口所在地公安派出所申报失踪登记。当失踪公民被寻回或者查明其下落时，应当及时向公安派出所申报寻回登记。公民失踪超过一年仍查无下落的，经公安派出所调查核实，报县级公安机关核准后，可以按有关规定注销其户口。当失踪公民被寻回或者查明其下落时，应当及时恢复其户口。

公民被宣告失踪的，由利害关系人持人民法院失踪宣告判决书向公安派出所申报注销户口登记。被宣告失踪的公民重新出现的，本人或利害关系人可以持人民法院撤销宣告判决书申报恢复户口登记。

第七十一条 未落常住户口的公民，应当由本人或者监护人凭有关常住户口未落原因的证明材料，向现居住地公安派出所申请补登户口。经调查核实，报县级公安机关审批后，给予补登户口。

第七十二条 公民有两个以上常住户口的，公安机关应当按规定及时注销其非法登记的户口。

第七十三条 县级以上政府部门因依法履行职权，申请在一定时限一定区域内暂停办理有关户口登记事项的，经同级公安机关核准，公安派出所应当在县级以上公安机关核准的时限和区域内，暂停办理立户分户登记和除夫妻投靠、未成年子女投靠父母、大中专院校毕业生回原籍落户、退伍复转军人回原籍落户、归正人员回原籍落户以外的迁入登记。

第八章　户口证件签发

第七十四条　居民户口簿是证明公民身份状况和家庭成员间相互关系的法定证件,是国家以户为单位管理常住人口和进行户口调查、核对的主要依据,其登记内容与常住人口登记表登记内容一致。

第七十五条　公民按规定申报立户登记后,公安派出所应当签发居民户口簿。变更户主或者户主户口迁出的,应当收回原居民户口簿,签发新的居民户口簿。

第七十六条　公民遗失居民户口簿的,应当及时到公安派出所申报证件遗失和补发。

新的居民户口簿补发后,原居民户口簿自然作废;遗失的居民户口簿重新找到的,应当上缴公安派出所。

第七十七条　公民从事有关活动,需要证明身份的,应当按规定使用居民身份证、居民户口簿,公安机关不出具户籍证明。

第九章　户口档案管理与信息查询

第七十八条　户口档案应当按规定立卷、归档,妥善保管、规范使用。

第七十九条　公民可以凭本人居民身份证或者居民户口簿,向户口所在地公安派出所查询本人和户内成员的户口登记信息。

第八十条　因办案需要要求查询涉案公民户口登记信息的,司法机关可以凭本人工作证、介绍信(调查函)向户口所在地公安派出所或者公安机关户口管理部门申请查询。

第八十一条 因承办法律事务需要要求查询有关公民户口登记信息的，律师可以凭律师执业证和律师事务所证明，向户口所在地公安派出所或者公安机关户口管理部门申请查询。

第八十二条 因履行职责确需查询公民户口登记信息的，经被申请机关核准，政府有关部门可以凭单位介绍信、查询人的工作证向户口所在地公安派出所或者公安机关户口管理部门查询。

第八十三条 为避免重大利益损失、寻亲访友等特殊情形确需查询公民户口登记信息的，经被申请机关核准，有关单位或者个人可以向户口所在地公安派出所或者公安机关户口管理部门查询。

第八十四条 公民户口登记信息涉及公民隐私，申请查询的单位和个人负有保密义务，对查询获取的信息只能在规定的范围内使用，不得泄露。

第十章 办理程序与法律责任

第八十五条 公民申报户口登记时，应当携带申报人居民身份证、居民户口簿等身份证件，按规定如实申报相关户口登记事项。委托他人代为办理的，应当按规定进行委托。

无民事行为能力或者限制民事行为能力的公民，应当由其监护人代为申报户口登记。

第八十六条 公民申报户口登记事项后，公安派出所应当依据户口管理有关规定，调查核实有关证明材料。对符合条件、证明材料齐全，且按规定可以当场办理的，应当当场予以办理。对符合条件、证明材料齐全，但按规定需调查核实、上报审批（核准）的，应当按规定进行调查核实、上报审批（核准）。对不符合条件或者证明材料不全的，应当告知申请人处理意见或者应当补充的证明材料。

第八十七条　办理需要报经县级以上公安机关审批（核准）的户口登记事项，各环节的工作应当在以下时限内完成：

（一）公安派出所应当在受理申请之日起的15个工作日内完成调查核实工作，并将有关材料上报县级公安机关。

（二）县级公安机关接到上报材料后，经审查，对有权作出审批（核准）决定的户口申报事项，应当在接到公安派出所的上报材料15个工作日内作出批准或者不批准的决定，并将审批（核准）结果返回公安派出所，或者按规定签署审核意见并将有关材料上报市级公安机关；市级公安机关应当在15个工作日内作出批准或者不批准的决定。

（三）公安派出所在接到上级公安机关的审批（核准）决定的2个工作日内，将审批（核准）结果通知申请人。

第八十八条　公民采用隐瞒事实真相、编造虚假事实、提供虚假证明材料等手段，违法、违规办理户口登记事项并查证属实的，由公安派出所或者公安机关撤销相应的户口登记；构成违反治安管理行为的，依法予以处罚；构成犯罪的，依法追究其刑事责任。

第八十九条　公安机关及其工作人员在办理公民申报户口登记时有下列行为之一的，上级公安机关应当予以纠正，并根据情节轻重，给予责任人相应处分：

（一）对符合规定的申请不予办理的；

（二）对不符合规定的申请违反规定给予办理的；

（三）工作疏忽大意造成差错且导致不良后果的；

（四）无正当理由不在规定期限内办结的；

（五）超标准收取费用的；

（六）其他应当给予处分的情形。

第九十条 公民对公安机关作出的户口管理具体行政行为不服的，可以依法申请行政复议或者提起行政诉讼。

全国普法学习读本

人口身份类法律法规学习读本
人口综合发展法律法规

■ 胡元斌 主编

加大全民普法力度,建设社会主义法治文化,树立宪法法律至上、法律面前人人平等的法治理念。

——中国共产党第十九次全国代表大会《决胜全面建成小康社会 夺取新时代中国特色社会主义伟大胜利》

汕头大学出版社

图书在版编目（CIP）数据

人口综合发展法律法规 / 胡元斌主编． -- 汕头：汕头大学出版社，2023.4（重印）

（人口身份类法律法规学习读本）

ISBN 978-7-5658-3445-5

Ⅰ．①人… Ⅱ．①胡… Ⅲ．①人口与计划生育法–中国–学习参考资料 Ⅳ．①D922.164

中国版本图书馆 CIP 数据核字（2018）第 000803 号

人口综合发展法律法规　RENKOU ZONGHE FAZHAN FALÜ FAGUI

主　　编：	胡元斌
责任编辑：	邹　峰
责任技编：	黄东生
封面设计：	大华文苑
出版发行：	汕头大学出版社
	广东省汕头市大学路 243 号汕头大学校园内　邮政编码：515063
电　　话：	0754-82904613
印　　刷：	三河市元兴印务有限公司
开　　本：	690mm×960mm 1/16
印　　张：	18
字　　数：	226 千字
版　　次：	2018 年 1 月第 1 版
印　　次：	2023 年 4 月第 2 次印刷
定　　价：	59.60 元（全 2 册）

ISBN 978-7-5658-3445-5

版权所有，翻版必究

如发现印装质量问题，请与承印厂联系退换

前言

习近平总书记指出:"推进全民守法,必须着力增强全民法治观念。要坚持把全民普法和守法作为依法治国的长期基础性工作,采取有力措施加强法制宣传教育。要坚持法治教育从娃娃抓起,把法治教育纳入国民教育体系和精神文明创建内容,由易到难、循序渐进不断增强青少年的规则意识。要健全公民和组织守法信用记录,完善守法诚信褒奖机制和违法失信行为惩戒机制,形成守法光荣、违法可耻的社会氛围,使遵法守法成为全体人民共同追求和自觉行动。"

中共中央、国务院曾经转发了中央宣传部、司法部关于在公民中开展法治宣传教育的规划,并发出通知,要求各地区各部门结合实际认真贯彻执行。通知指出,全民普法和守法是依法治国的长期基础性工作。深入开展法治宣传教育,是全面建成小康社会和新农村的重要保障。

普法规划指出:各地区各部门要根据实际需要,从不同群体的特点出发,因地制宜开展有特色的法治宣传教育坚持集中法治宣传教育与经常性法治宣传教育相结合,深化法律进机关、进乡村、进社区、进学校、进企业、进单位的"法律六进"主题活动,完善工作标准,建立长效机制。

特别是农业、农村和农民问题,始终是关系党和人民事业发展的全局性和根本性问题。党中央、国务院发布的《关于推进社会主义新农村建设的若干意见》中明确提出要"加强农村法制建设,深入开展农村普法教育,增强农民的法制观念,提高农民依法行使权利和履行义务的自觉性。"多年普法实践证明,普及法律知识,提高法制观念，增强全社会依法办事意识具有重要作用。特别是在广大农村进行普法教育，是提高全民法律素质的需要。

多年来，我国在农村实行的改革开放取得了极大成功，农村发生了翻天覆地的变化，广大农民生活水平大大得到了提高。但是，由于历史和社会等原因，现阶段我国一些地区农民文化素质还不高，不学法、不懂法、不守法现象虽然较原来有所改变，但仍有相当一部分群众的法制观念仍很淡化，不懂、不愿借助法律来保护自身权益，这就极易受到不法的侵害，或极易进行违法犯罪活动，严重阻碍了全面建成小康社会和新农村步伐。

为此，根据党和政府的指示精神以及普法规划，特别是根据广大农村农民的现状，在有关部门和专家的指导下，特别编辑了这套《全国普法学习读本》。主要包括了广大人民群众应知应懂、实际实用的法律法规。为了辅导学习，附录还收入了相应法律法规的条例准则、实施细则、解读解答、案例分析等；同时为了突出法律法规的实际实用特点，兼顾地方性和特殊性，附录还收入了部分某些地方性法律法规以及非法律法规的政策文件、管理制度、应用表格等内容，拓展了本书的知识范围，使法律法规更"接地气"，便于读者学习掌握和实际应用。

在众多法律法规中，我们通过甄别，淘汰了废止的，精选了最新的、权威的和全面的。但有部分法律法规有些条款不适应当下情况了，却没有颁布新的，我们又不能擅自改动，只得保留原有条款，但附录却有相应的补充修改意见或通知等。众多法律法规根据不同内容和受众特点，经过归类组合，优化配套。整套普法读本非常全面系统，具有很强的学习性、实用性和指导性，非常适合用于广大农村和城乡普法学习教育与实践指导。总之，是全国全民普法的良好读本。

目　录

全国人口普查条例

第一章　总　则 ·· (1)
第二章　人口普查的对象、内容和方法 ············· (3)
第三章　人口普查的组织实施 ··························· (3)
第四章　人口普查资料的管理和公布 ················ (5)
第五章　法律责任 ··· (5)
第六章　附　则 ·· (7)
附　录
　　中国反对拐卖人口行动计划（2013—2020年） ············ (8)

全国人口管理最新政策

人口健康信息管理办法（试行） ······················· (20)
流动人口计划生育工作条例 ····························· (24)
"十三五"全国流动人口卫生计生服务管理规划 ············ (31)
"十三五"促进民族地区和人口较少民族发展规划 ········· (41)
附　录
　　国家卫生计生委、国家中医药管理局关于加快推进
　　　人口健康信息化建设的指导意见 ············· (94)
　　国家人口计生委关于加强人口文化建设的意见 ········ (105)
　　关于建立城镇建设用地增加规模同吸纳农业转移
　　　人口落户数量挂钩机制的实施意见 ·········· (111)
　　国务院关于实施支持农业转移人口市民化若干
　　　财政政策的通知 ···································· (116)

关于做好流动人口基本公共卫生计生服务的指导意见……（121）
关于充分发挥计划生育协会在流动人口卫生计生
　服务工作中作用的指导意见…………………………（125）
关于进一步做好人口计生与扶贫开发相结合工作的
　若干意见……………………………………………（129）
关于在人口净流入的大中城市加快发展住房
　租赁市场的通知……………………………………（135）

全国人口普查条例

中华人民共和国国务院令
第 576 号

《全国人口普查条例》已经 2010 年 5 月 12 日国务院第 111 次常务会议通过，现予公布，自 2010 年 6 月 1 日起施行。

总理　温家宝
二〇一〇年五月二十四日

第一章　总　则

第一条　为了科学、有效地组织实施全国人口普查，保障人口普查数据的真实性、准确性、完整性和及时性，根据《中华人民共和国统计法》，制定本条例。

第二条　人口普查的目的是全面掌握全国人口的基本情况，为研究制定人口政策和经济社会发展规划提供依据，为社会公众提供人口统计信息服务。

第三条　人口普查工作按照全国统一领导、部门分工协作、地方分级负责、各方共同参与的原则组织实施。

国务院统一领导全国人口普查工作，研究决定人口普查中的重大问题。地方各级人民政府按照国务院的统一规定和要求，领导本行政区域的人口普查工作。

在人口普查工作期间，各级人民政府设立由统计机构和有关部门组成的人口普查机构（以下简称普查机构），负责人口普查的组织实施工作。

村民委员会、居民委员会应当协助所在地人民政府动员和组织社会力量，做好本区域的人口普查工作。

国家机关、社会团体、企业事业单位应当按照《中华人民共和国统计法》和本条例的规定，参与并配合人口普查工作。

第四条 人口普查对象应当按照《中华人民共和国统计法》和本条例的规定，真实、准确、完整、及时地提供人口普查所需的资料。

人口普查对象提供的资料，应当依法予以保密。

第五条 普查机构和普查机构工作人员、普查指导员、普查员（以下统称普查人员）依法独立行使调查、报告、监督的职权，任何单位和个人不得干涉。

地方各级人民政府、各部门、各单位及其负责人，不得自行修改普查机构和普查人员依法搜集、整理的人口普查资料，不得以任何方式要求普查机构和普查人员及其他单位和个人伪造、篡改人口普查资料，不得对依法履行职责或者拒绝、抵制人口普查违法行为的普查人员打击报复。

第六条 各级人民政府应当利用报刊、广播、电视、互联网和户外广告等媒介，开展人口普查的宣传动员工作。

第七条 人口普查所需经费，由国务院和地方各级人民政府共同负担，并列入相应年度的财政预算，按时拨付，确保足额到位。

人口普查经费应当统一管理、专款专用，从严控制支出。

第八条 人口普查每10年进行一次，尾数逢0的年份为普查年度，标准时点为普查年度的11月1日零时。

第九条　国家统计局会同国务院有关部门制定全国人口普查方案（以下简称普查方案），报国务院批准。

人口普查应当按照普查方案的规定执行。

第十条　对认真执行本条例、忠于职守、坚持原则、做出显著成绩的单位和个人，按照国家有关规定给予表彰和奖励。

第二章　人口普查的对象、内容和方法

第十一条　人口普查对象是指普查标准时点在中华人民共和国境内的自然人以及在中华人民共和国境外但未定居的中国公民，不包括在中华人民共和国境内短期停留的境外人员。

第十二条　人口普查主要调查人口和住户的基本情况，内容包括姓名、性别、年龄、民族、国籍、受教育程度、行业、职业、迁移流动、社会保障、婚姻、生育、死亡、住房情况等。

第十三条　人口普查采用全面调查的方法，以户为单位进行登记。

第十四条　人口普查采用国家统计分类标准。

第三章　人口普查的组织实施

第十五条　人口普查登记前，公安机关应当按照普查方案的规定完成户口整顿工作，并将有关资料提交本级人口普查机构。

第十六条　人口普查登记前应当划分普查区，普查区以村民委员会、居民委员会所辖区域为基础划分，每个普查区划分为若干普查小区。

第十七条　每个普查小区应当至少有一名普查员，负责入户登记等普查工作。每个普查区应当至少有一名普查指导员，负责安排、指导、督促和检查普查员的工作，也可以直接进行入户登记。

第十八条　普查指导员和普查员应当具有初中以上文化水平，

身体健康，责任心强。

第十九条　普查指导员和普查员可以从国家机关、社会团体、企业事业单位借调，也可以从村民委员会、居民委员会或者社会招聘。借调和招聘工作由县级人民政府负责。

国家鼓励符合条件的公民作为志愿者参与人口普查工作。

第二十条　借调的普查指导员和普查员的工资由原单位支付，其福利待遇保持不变，并保留其原有工作岗位。

招聘的普查指导员和普查员的劳动报酬，在人口普查经费中予以安排，由聘用单位支付。

第二十一条　普查机构应当对普查指导员和普查员进行业务培训，并对考核合格的人员颁发全国统一的普查指导员证或者普查员证。

普查指导员和普查员执行人口普查任务时，应当出示普查指导员证或者普查员证。

第二十二条　人口普查登记前，普查指导员、普查员应当绘制普查小区图，编制普查小区户主姓名底册。

第二十三条　普查指导员、普查员入户登记时，应当向人口普查对象说明人口普查的目的、法律依据以及人口普查对象的权利和义务。

第二十四条　人口普查对象应当按时提供人口普查所需的资料，如实回答相关问题，不得隐瞒有关情况，不得提供虚假信息，不得拒绝或者阻碍人口普查工作。

第二十五条　人口普查对象应当在普查表上签字或者盖章确认，并对其内容的真实性负责。

第二十六条　普查人员应当坚持实事求是，恪守职业道德，拒绝、抵制人口普查工作中的违法行为。

普查机构和普查人员不得伪造、篡改普查资料，不得以任何方式要求任何单位和个人提供虚假的普查资料。

第二十七条　人口普查实行质量控制岗位责任制，普查机构应当对人口普查实施中的每个环节实行质量控制和检查，对人口普查数据进行审核、复查和验收。

第二十八条 国家统计局统一组织人口普查数据的事后质量抽查工作。

第四章 人口普查资料的管理和公布

第二十九条 地方各级普查机构应当按照普查方案的规定进行数据处理，并按时上报人口普查资料。

第三十条 人口普查汇总资料，除依法应当保密的外，应当予以公布。

全国和各省、自治区、直辖市主要人口普查数据，由国家统计局以公报形式公布。

地方人民政府统计机构公布本行政区域主要人口普查数据，应当报经上一级人民政府统计机构核准。

第三十一条 各级人民政府统计机构应当做好人口普查资料的管理、开发和应用，为社会公众提供查询、咨询等服务。

第三十二条 人口普查中获得的原始普查资料，按照国家有关规定保存、销毁。

第三十三条 人口普查中获得的能够识别或者推断单个普查对象身份的资料，任何单位和个人不得对外提供、泄露，不得作为对人口普查对象作出具体行政行为的依据，不得用于人口普查以外的目的。

人口普查数据不得作为对地方人民政府进行政绩考核和责任追究的依据。

第五章 法律责任

第三十四条 地方人民政府、政府统计机构或者有关部门、单位的负责人有下列行为之一的，由任免机关或者监察机关依法给予处分，并由县级以上人民政府统计机构予以通报；构成犯罪的，依法追究刑事责任：

（一）自行修改人口普查资料、编造虚假人口普查数据的；

（二）要求有关单位和个人伪造、篡改人口普查资料的；

（三）不按照国家有关规定保存、销毁人口普查资料的；

（四）违法公布人口普查资料的；

（五）对依法履行职责或者拒绝、抵制人口普查违法行为的普查人员打击报复的；

（六）对本地方、本部门、本单位发生的严重人口普查违法行为失察的。

第三十五条　普查机构在组织实施人口普查活动中有下列违法行为之一的，由本级人民政府或者上级人民政府统计机构责令改正，予以通报；对直接负责的主管人员和其他直接责任人员，由任免机关或者监察机关依法给予处分：

（一）不执行普查方案的；

（二）伪造、篡改人口普查资料的；

（三）要求人口普查对象提供不真实的人口普查资料的；

（四）未按照普查方案的规定报送人口普查资料的；

（五）违反国家有关规定，造成人口普查资料毁损、灭失的；

（六）泄露或者向他人提供能够识别或者推断单个普查对象身份的资料的。

普查人员有前款所列行为之一的，责令其停止执行人口普查任务，予以通报，依法给予处分。

第三十六条　人口普查对象拒绝提供人口普查所需的资料，或者提供不真实、不完整的人口普查资料的，由县级以上人民政府统计机构责令改正，予以批评教育。

人口普查对象阻碍普查机构和普查人员依法开展人口普查工作，构成违反治安管理行为的，由公安机关依法给予处罚。

第三十七条　县级以上人民政府统计机构应当设立举报电话和信箱，接受社会各界对人口普查违法行为的检举和监督。

第六章　附　则

第三十八条　中国人民解放军现役军人、人民武装警察等人员的普查内容和方法，由国家统计局会同国务院有关部门、军队有关部门规定。

交通极为不便地区的人口普查登记的时间和方法，由国家统计局会同国务院有关部门规定。

第三十九条　香港特别行政区、澳门特别行政区的人口数，按照香港特别行政区政府、澳门特别行政区政府公布的资料计算。

台湾地区的人口数，按照台湾地区有关主管部门公布的资料计算。

第四十条　为及时掌握人口发展变化情况，在两次人口普查之间进行全国1%人口抽样调查。全国1%人口抽样调查参照本条例执行。

第四十一条　本条例自2010年6月1日起施行。

附　录

中国反对拐卖人口行动计划
（2013—2020年）

国务院办公厅关于印发
中国反对拐卖人口行动计划（2013—2020年）的通知
国办发〔2013〕19号

各省、自治区、直辖市人民政府，国务院各部委、各直属机构：

《中国反对拐卖人口行动计划（2013—2020年）》已经国务院同意，现印发给你们，请认真贯彻执行。

国务院办公厅
2013年3月2日

为有效预防、依法打击拐卖人口犯罪，积极救助、妥善安置被拐卖受害人，切实维护公民合法权益，依据有关国际公约和我国法律，制定《中国反对拐卖人口行动计划（2013—2020年）》（以下简称《行动计划》）。

一、指导思想和总体目标

（一）指导思想

高举中国特色社会主义伟大旗帜，以邓小平理论、"三个代表"重要思想、科学发展观为指导，坚持"以人为本、综合治理、预防为主、打防结合"工作方针,不断加强和创新社会管理,完善政策,落实责任,整合资源,标本兼治,切实保障公民基本权利,维护社会和谐稳定,维护我国际形象。

(二)总体目标

进一步完善集预防、打击、救助和康复为一体的反拐工作长效机制,健全反拐工作协调、保障机制,细化落实各项措施,依法坚决打击、有效遏制拐卖人口犯罪,确保被拐卖受害人及时得到救助康复和妥善安置。

二、行动措施和任务分工

(一)健全预防犯罪机制

1. 工作目标

完善预防拐卖人口犯罪的网络,综合整治拐卖人口犯罪活动重点地区和"买方市场",减少拐卖人口犯罪发生。

2. 行动措施

(1)加强部门联动,建立发现、举报拐卖人口犯罪工作机制。(中央综治办、司法部负责,教育部、公安部、民政部、卫生部、人口计生委配合)

(2)加强拐卖人口犯罪活动重点行业、重点地区和重点人群预防犯罪工作。(中央综治办负责,公安部、卫生部、人口计生委、妇儿工委办公室、全国妇联配合)

——加强人力资源市场管理,规范劳动者求职、用人单位招用和职业中介活动,鼓励用工单位开展反拐教育培训。建立和完善劳动用工备案制度,加强劳动保障监察执法,加大对非法职业中介及使用童工、智力残疾人等违法行为查处力度,完善部门联动协作机制。研究在劳务市场发生的拐卖人口犯罪问题,有针对性地开展预防工作。(人力资源社会保障部负责,工商总局、广电总局、全国总工会、共青团中央、全国妇联、中国残联配合)

——严厉打击卖淫嫖娼违法犯罪,加强城乡结合部、"城中村"娱乐服务场所治安整治,改进失足妇女教育帮扶工作。(公

安部负责，人力资源社会保障部、文化部、卫生部、工商总局、全国妇联配合）

——加大拐卖人口犯罪活动重点地区综合整治力度。基层政府、村（居）委会切实将帮助易被拐卖人群和预防拐卖人口犯罪纳入重点工作中。（中央综治办、公安部负责，民政部、妇儿工委办公室、扶贫办、共青团中央、全国妇联配合）

——加强拐卖人口犯罪活动重点地区计划生育服务和孕情管理，减少意外妊娠和政策外生育，及时通报有关信息。（人口计生委负责，公安部、卫生部配合）

——加大老少边贫地区农村人口扶持力度，开发适合农村特点的创业就业渠道，提高贫困人口尤其是贫困妇女脱贫致富能力。（扶贫办负责，发展改革委、农业部、人力资源社会保障部、国家民委、全国妇联配合）

——保障所有适龄儿童、少年接受九年义务教育，切实控制学生辍学。（教育部负责，共青团中央配合）

——健全流浪未成年人救助保护机制，积极利用现有救助管理机构和福利机构做好流浪未成年人和弃婴的救助安置，依托社会工作等专业人才提供心理辅导、行为矫治、文化教育、技能培训、就业帮扶等服务。加强街面救助，及时发现、救助流浪乞讨和被强迫违法犯罪的未成年人。（民政部、公安部负责，财政部、住房城乡建设部、卫生部、教育部、人力资源社会保障部、共青团中央、全国妇联配合）

——鼓励农村有外出务工意愿的妇女、残疾人、城市失业下岗妇女、女大学生和解救的被拐卖妇女创业就业，落实好促进就业各项政策，组织开展实用技术、务工技能和创业就业培训。（人力资源社会保障部、国家民委、中国残联负责，共青团中央、全国妇联配合）

——在流动、留守妇女儿童集中地区发挥妇女互助组、巾帼志愿者等作用，完善妇女热线、妇女维权站点、妇女之家等功能，提

高流动、留守妇女儿童反拐能力。（全国妇联负责，民政部、文化部、财政部、广电总局配合）

——加强拐卖人口罪犯教育改造工作，进一步降低重新犯罪率。（司法部、公安部负责）

（3）加大拐卖人口犯罪"买方市场"整治力度，在收买人口犯罪活动高发地区开展综合治理，从源头上减少拐卖人口犯罪的发生。（中央综治办、公安部负责，教育部、民政部、人力资源社会保障部、司法部、卫生部、人口计生委、全国妇联配合）

——大力开展出生人口性别比偏高综合治理工作。（人口计生委负责，卫生部、公安部、全国妇联配合）

——规范婚姻登记工作。规范收养渠道。（民政部负责）

——加强医疗卫生机构管理，严禁为被拐卖儿童出具虚假出生证明，明确医护人员发现疑似拐卖情况及时报告的义务。（卫生部负责，公安部配合）

——开展维护妇女权益、促进性别平等的村规民约修订和培训，消除男尊女卑、传宗接代等落后观念，提高女孩受教育水平，确保女性在农村平等享有土地承包、宅基地分配、土地征收补偿分配和集体收益分配的权利。（全国妇联、农业部负责，民政部、教育部配合）

（4）进一步做好跨国拐卖人口犯罪预防工作。加强口岸边防检查和边境通道管理，严格出入境人员查验制度，加大对非法入境、非法居留、非法就业外国人的清查力度。加强边境地区人力资源市场监管，严格规范对外劳务合作经营活动，依法取缔非法跨国婚姻中介机构。（公安部、人力资源社会保障部、商务部、外交部负责，民政部配合）

（二）打击犯罪和解救被拐卖受害人

1. 工作目标

不断提高侦破各类拐卖人口犯罪案件的能力和水平，依法严厉打击拐卖人口犯罪，及时解救被拐卖受害人。

2. 行动措施

（1）继续组织开展全国打击拐卖人口犯罪专项行动，进一步完善公安机关牵头，有关部门配合、群众广泛参与的打拐工作机制。（公安部负责，高法院、高检院、民政部、人力资源社会保障部、人口计生委、全国妇联配合）

——各级政府相关部门、单位加大打拐工作力度，明确相关机构具体承担，确保责有人负、事有人干，切实加强经费保障。（国务院反拐部际联席会议各成员单位负责）

——各级公安机关完善打拐工作机制，由刑侦部门牵头，有关部门和警种通力协作，定期分析拐卖人口犯罪形势，研究完善打、防、控对策。（公安部负责）

——严格落实侦办拐卖儿童案件责任制。对拐卖儿童案件实行"一长三包责任制"，由县级以上公安机关负责人担任专案组组长，负责侦查破案、解救被拐卖儿童、安抚受害人亲属等工作。案件不破，专案组不得撤销。（公安部负责）

——严格执行儿童失踪快速查找机制。接到儿童失踪报警后，由公安机关指挥中心迅速调集相关警力开展堵截、查找工作，及时抓获犯罪嫌疑人，解救受害人。（公安部负责）

——认真开展来历不明儿童摸排工作。各地公安机关负责采集失踪儿童父母血样，检验录入全国打拐 DNA（脱氧核糖核酸）信息库，并加强与有关部门沟通，及时发现来历不明、疑似被拐卖的儿童，采血检验入库。对被收养儿童、来历不明儿童落户的，要采血检验入库比对，严把儿童落户关。（公安部负责，教育部、卫生部、人口计生委、全国妇联配合）

——制定符合拐卖人口犯罪特点和与受害人心理、生理相适应的案件调查程序。（公安部负责，高检院配合）

（2）依法严惩拐卖人口犯罪。

——对拐卖人口犯罪集团首要分子和多次参与、拐卖多人，同时实施其他违法犯罪或者具有累犯等从严、从重处罚情节的，坚决

依法惩处。(高法院、高检院、公安部负责)

——对收买被拐卖受害人以及以暴力、威胁方法阻碍、聚众阻碍国家机关工作人员解救受害人,依法应当追究刑事责任的,坚决依法惩处。(高法院、高检院、公安部负责)

——对收买、介绍、强迫被拐卖受害人从事色情服务及强迫性劳动的单位和个人,严格依法追究其行政、民事、刑事责任。坚决取缔非法职业中介、婚姻中介机构。对组织强迫儿童、残疾人乞讨、强迫未成年人、残疾人从事违法犯罪活动的依法予以惩处,及时查找受害人亲属并护送受害人前往救助保护机构。完善人体器官捐献制度,依法惩治盗窃人体器官、欺骗或强迫他人捐献器官、组织贩卖人体器官等犯罪行为。(公安部、人力资源社会保障部、卫生部负责,中央综治办、高法院、高检院、民政部、工商总局、全国总工会、共青团中央、全国妇联、中国残联配合)

——对受欺骗或被胁迫从事违法犯罪行为的被拐卖受害人,依法减轻或免除处罚。(高法院、高检院、公安部负责)

(3)进一步加强信息网络建设,完善全国打拐DNA(脱氧核糖核酸)信息库,健全信息收集和交流机制,推进信息共享,提高反拐工作信息化水平。(公安部、民政部负责,发展改革委、财政部、教育部、卫生部、人口计生委、全国妇联配合)

(4)依法解救被拐卖儿童,并送还其亲生父母。对查找不到亲生父母的,由公安机关提供相关材料,交由民政部门妥善安置,不得由收买家庭继续抚养。(公安部、民政部负责)

(三)加强被拐卖受害人的救助、安置、康复和回归社会工作

1. 工作目标

保障被拐卖受害人合法权益,加强被拐卖受害人的救助、安置、康复、家庭与社区融入等工作,帮助其顺利回归社会。保护被拐卖受害人隐私,使其免受二次伤害。

2. 行动措施

(1)进一步加强地区、部门和机构间救助被拐卖受害人的协作

配合。(民政部负责,中央综治办、公安部配合)

(2) 规范被拐卖受害人救助、安置、康复和回归社会工作程序,制定查找不到亲生父母的被拐卖儿童安置政策和办法,推动其回归家庭,促进其健康成长。(公安部、民政部负责,教育部、卫生部、财政部、全国妇联配合)

(3) 完善政府多部门合作、社会各界支持的被拐卖受害人救助、安置和康复工作机制,提升救助管理站、妇女之家、福利院等机构服务水平。(民政部负责,卫生部、公安部、全国妇联配合)

——充分利用现有社会救助和社会福利设施提供救助和中转康复服务,并保障人员和经费需求,使被拐卖受害人得到符合其身心、年龄和性别特点的救助安置。(民政部、财政部负责,发展改革委、公安部、教育部、卫生部、中国残联配合)

——在被拐卖受害人临时救助和康复工作中引入专业社会工作服务,鼓励有关社会组织、企事业单位和个人为救助被拐卖受害人提供资金、技术支持和专业服务。(民政部负责,全国总工会、共青团中央、全国妇联、中国残联配合)

——指定定点医疗机构为被拐卖受害人提供基本医疗服务和生理心理康复服务。(卫生部负责,民政部配合)

——通过培训教育等活动,增强被拐卖受害人的法律意识、维权意识。法律援助机构依法为符合条件的被拐卖受害人提供法律援助。(司法部负责,民政部、公安部、全国总工会、共青团中央、全国妇联配合)

(4) 加强社会关怀,帮助被拐卖受害人顺利回归社会。

——确保被解救的适龄儿童入学、回归学校和适应新的生活。(教育部负责,民政部配合)

——为不能或不愿回原住地的 16 岁以上被拐卖受害人提供适宜的职业技能培训、职业指导和职业介绍等就业服务,并帮助其在异地就业。(人力资源社会保障部负责,民政部、全国总工会、共青团中央、全国妇联配合)

——在保护个人隐私前提下，进一步做好被拐卖受害人及其家庭和所在社区工作，保障愿意返回原住地的被拐卖受害人顺利回归家庭和社区。（民政部负责，共青团中央、全国妇联配合）

（5）为回归社会的被拐卖受害人提供必要服务，切实帮助解决就业、生活和维权等问题。（民政部、司法部、人力资源社会保障部负责，共青团中央、全国妇联配合）

（6）进一步加强对被解救受害人的登记、管理和保护工作，建立并完善专门档案，跟踪了解其生活状况，积极协调有关部门和组织帮助解决实际困难。（公安部、民政部负责，全国妇联配合）

（7）进一步加强对被拐卖受害人身心健康领域的研究，寻求更为有效的康复治疗方法。（卫生部负责，教育部、共青团中央、全国妇联配合）

（四）完善法律法规和政策体系

1. 工作目标

结合当前拐卖人口犯罪形势和实际工作需要，研究制定和修订有关法律法规和政策，为反拐工作提供法律法规和政策支持。

2. 行动措施

（1）修订有关法律法规，进一步健全反拐法律体系。（法制办负责，全国人大常委会法工委、高法院、高检院、公安部、民政部、人力资源社会保障部、共青团中央、全国妇联配合）

——完善有关法律，加大对收买被拐卖受害人行为的打击力度。（全国人大常委会法工委负责，法制办、高法院、高检院、公安部配合）

——完善被拐卖受害人救助有关法规，切实保障其合法权益。（民政部、法制办负责，全国人大常委会法工委、全国妇联配合）

——完善儿童临时监护和监护监督制度，进一步推动未成年人父母或其他监护人依法为未成年人健康成长提供良好家庭环境和家庭教育。研究制定监护权转移的具体程序，避免因监护人丧失监护能力或监护人侵权对儿童造成伤害。（民政部、法制办负责，全国

人大常委会法工委、教育部、共青团中央、全国妇联配合）

（2）制定并完善有关政策，推动反拐预防、打击、救助、康复工作科学化、规范化、制度化。（国务院反拐部际联席会议各成员单位负责）

（五）加强宣传、教育和培训

1. 工作目标

强化各级政府及相关部门、社会各界对反拐工作重要性的认识，动员全社会广泛参与反拐工作。加强教育培训和理论研究，提高反拐工作能力。

2. 行动措施

（1）开展多渠道、多形式宣传教育，着重在拐卖人口犯罪活动重点地区和易被拐卖人群中开展反拐教育和法制宣传，增强群众反拐意识。（公安部、中央宣传部负责，教育部、司法部、铁道部、文化部、人口计生委、广电总局、交通运输部、新闻出版总署、妇儿工委办公室、全国总工会、共青团中央、全国妇联配合）

——将反拐教育纳入中小学和中职学校教育教学活动中，提高学生自我保护意识。在学校管理制度中，明确教师发现疑似拐卖情况及时报告的义务。（教育部、司法部负责）

——加强流动、留守儿童及其监护人反拐教育培训。（教育部、公安部、全国妇联负责）

——将反拐宣传教育纳入社区管理工作中，提高社区成员尤其是妇女、儿童和未成年人父母或其他监护人的反拐意识和能力。（民政部、公安部、全国妇联负责，教育部、国家民委、司法部配合）

——定期在火车站、汽车站、航空港、码头、娱乐场所、宾馆饭店等开展反拐专题宣传活动，并在日常安全宣传中纳入反拐内容，动员、鼓励交通运输行业和娱乐场所、宾馆饭店等工作人员及时报告疑似拐卖情况。（交通运输部、铁道部、民航局负责，公安部、司法部、全国妇联配合）

——加强边境地区群众宣传教育，提高群众反拐意识、识别犯罪和自我保护能力。（司法部负责，公安部、民政部、人力资源社会保障部、共青团中央、全国妇联配合）

——开发少数民族语言文字宣传品，在少数民族聚居区开展反拐宣传教育。（国家民委负责，新闻出版总署、文化部、共青团中央、全国妇联配合）

——开发符合残疾人特点的宣传品，提高残疾人的反拐意识和自我保护能力。（中国残联负责，文化部、新闻出版总署、共青团中央、全国妇联配合）

（2）动员社会力量支持和参与反拐工作。建立举报拐卖人口犯罪奖励制度，积极培育反拐志愿者队伍，借助微博等网络和媒体，广辟线索来源。（国务院反拐部际联席会议各成员单位负责）

（3）加强各级反拐工作人员教育培训和反拐工作队伍专业化建设，提高《行动计划》实施能力。（国务院反拐部际联席会议各成员单位负责）

——将妇女儿童权益保护和反拐法律法规、政策等纳入教育培训内容，提高侦查、起诉和审判拐卖人口犯罪的能力和水平。（公安部、高检院、高法院负责）

——加强边境地区公安司法人员教育培训，提高防范和打击跨国拐卖人口犯罪的意识和能力。（公安部、高法院、高检院、司法部负责）

——加强从事被拐卖受害人救助工作人员教育培训，提高救助能力和水平。（民政部、卫生部负责，全国总工会、共青团中央、全国妇联配合）

（六）加强国际合作

1. 工作目标

有效预防和严厉打击跨国拐卖人口犯罪，加强对被跨国拐卖受害人的救助。积极参与国际社会有关打击贩运人口议题的讨论和磋商，展示我国反拐措施和成效，树立良好国际形象。

2. 行动措施

（1）加强反拐工作国际交流与合作。（外交部、公安部负责，商务部配合）

（2）充分利用有关国际组织的资源和技术，加强国际反拐合作项目建设和引进工作。（公安部负责，外交部、商务部配合）

——积极参与湄公河次区域合作反拐进程等各项国际反拐合作机制。（公安部负责，全国人大常委会法工委、高法院、高检院、外交部、民政部、人力资源社会保障部、商务部、妇儿工委办公室、全国妇联配合）

——加强与国际移民组织、联合国儿童基金会、联合国毒品和犯罪问题办公室等国际组织和相关国家的交流合作，联合开展反拐培训，掌握国际拐卖人口犯罪发展趋势及应对措施，展示我国反拐工作成效。（外交部、公安部、商务部负责，全国妇联配合）

（3）加强国际警务合作，充分利用双边、多边和国际刑警组织等渠道，开展跨国拐卖人口犯罪案件侦办合作和情报信息交流，充分发挥边境反拐警务联络机制作用，共同打击跨国拐卖人口犯罪。（公安部负责，外交部、司法部配合）

（4）加强与相关拐入国政府和国际组织合作，及时解救和接收被拐卖出国的中国籍受害人，并为其提供必要的服务。（外交部、公安部负责，民政部配合）

（5）加强与相关拐出国政府和国际组织合作，及时发现和解救被拐卖入中国的外籍受害人，完善对被跨国拐卖受害人救助工作机制，做好中转康复工作，并安全遣送。（外交部、公安部、发展改革委负责，民政部配合）

（6）认真履行和充分利用《联合国打击跨国有组织犯罪公约》及其关于预防、禁止和惩治贩运人口特别是妇女和儿童行为的补充议定书，稳步推进与其他国家特别是周边国家缔结司法协助条约和引渡条约工作，进一步扩大打击拐卖人口犯罪国际司法合作网络。（外交部负责，高法院、高检院、公安部、司法部配合）

三、保障措施

（一）加强组织协调

国务院反拐部际联席会议加强组织领导和统筹协调，制定并完善政策措施，及时研究解决突出问题和困难。联席会议办公室负责协调组织对《行动计划》实施情况进行督导检查，开展阶段性评估和终期评估，对拐卖人口犯罪重点案件和重点地区建立挂牌督办和警示制度。县级以上地方政府要逐级建立协调机制，组织协调和督导检查反拐工作，并制定本地区《行动计划》实施细则和年度实施方案。各级反拐工作协调机制成员单位要密切配合，根据任务分工制定本部门、本单位实施方案，并开展自我检查和评估。

（二）完善经费保障

各级政府将《行动计划》实施经费纳入财政预算。鼓励社会组织、公益机构、企事业单位和个人捐助，争取国际援助，多渠道筹集反拐资金。

（三）严格考核监督

将反拐工作纳入社会管理综合治理考核范畴以及相关部门、机构的目标管理和考核体系，考核结果送干部主管部门，作为对相关领导班子和领导干部综合考核评价的重要依据。对反拐措施得力、成效显著的部门和地区，给予表彰和奖励。对拐卖人口犯罪严重、防控打击不力的地区，依法依纪追究有关人员的责任，并实行社会管理综合治理一票否决。

全国人口管理最新政策

人口健康信息管理办法（试行）

国家卫生计生委关于印发
《人口健康信息管理办法（试行）》的通知
国卫规划发〔2014〕24号

各省、自治区、直辖市卫生计生委（卫生厅局、人口计生委），新疆生产建设兵团卫生局、人口计生委，委机关各司局，委直属和联系单位：

  为规范人口健康信息的管理工作，促进人口健康信息的互联互通和共享利用，推动卫生计生事业科学发展，我委按照相关法律法规，研究制定了《人口健康信息管理办法（试行）》。现印发你们，请遵照执行。

国家卫生计生委
2014年5月5日

  第一条　为规范人口健康信息的管理工作，促进人口健康信息的互联互通和共享利用，推动卫生计生事业科学发展，制定本办法。

第二条 本办法适用于各级各类医疗卫生计生服务机构所涉及的人口健康信息的采集、管理、利用、安全和隐私保护工作。

第三条 本办法所称人口健康信息,是指依据国家法律法规和工作职责,各级各类医疗卫生计生服务机构在服务和管理过程中产生的人口基本信息、医疗卫生服务信息等人口健康信息。

符合《中华人民共和国电子签名法》等有关法律法规规定的人口健康电子信息,与纸质文本具有同等法律效力。

第四条 人口健康信息管理工作应当统筹规划、统一标准,属地管理、责权一致,保障安全、便民高效。

第五条 县级以上人民政府卫生计生行政部门(含中医药行政部门,下同)是人口健康信息主管部门。国家卫生计生委负责制订全国人口健康信息发展规划和管理规范,统筹指导全国人口健康信息管理工作;县级以上地方人民政府卫生计生行政部门负责推进、指导、监督本行政区域人口健康信息管理工作。

各级各类医疗卫生计生服务机构(含中医药服务机构,下同)负责人口健康信息的采集、利用、管理、安全和隐私保护,是人口健康信息管理中的责任单位。

第六条 责任单位采集、利用、管理人口健康信息应当按照法律法规的规定,遵循医学伦理原则,保证信息安全,保护个人隐私。

第七条 责任单位应当根据本单位人口健康信息采集、利用和管理的情况,设立相应的人口健康信息管理部门和岗位职责,建立完善的人口健康信息质量控制管理制度,建立或利用相应的信息系统。严格执行相关标准和程序,做到标准统一、术语规范、内容准确。

第八条 责任单位应当按照"一数一源、最少够用"的原则采集人口健康信息,所采集的信息应当符合业务应用和管理要求,保证服务和管理对象在本单位信息系统中身份标识的唯一性,基本数据项的一致性,所采集的信息应当严格实行信息复核程序,避免重复采集、多头采集。

第九条 人口健康信息实行分级存储。责任单位按照国家统一规划，负责存储、管理工作中产生的人口健康信息，应当具备符合国家有关规定要求的数据存储、容灾备份和管理条件，建立可靠的人口健康信息容灾备份工作机制，定期进行备份和恢复检测，确保数据能够及时、完整、准确恢复，实现长期保存和历史数据的归档管理。

第十条 责任单位应当结合服务和管理工作需要，及时更新与维护人口健康信息，确保信息处于最新、连续、有效状态。

不得将人口健康信息在境外的服务器中存储，不得托管、租赁在境外的服务器。

第十一条 委托其他机构存储、运维人口健康信息的，委托单位承担人口健康信息的管理和安全责任。

受委托的存储、运维机构应当严格按照委托协议做好人口健康信息管理的技术支持，禁止超权限采集、开发和利用人口健康信息。

第十二条 责任单位发生变更时，应当将所管理的人口健康信息完整、安全地移交给主管部门或承接延续其职能的机构管理，不得造成人口健康信息的损毁、丢失。

第十三条 人口健康信息的利用实行分类管理，逐步实现互联共享。

人口健康信息的利用应当以提高医学研究、科学决策和便民服务水平为目的。

依法应当向社会公开的信息应当及时主动公开；涉及保密信息和个人隐私信息，不得对外提供。

第十四条 责任单位应当建立人口健康信息综合利用工作制度，授权利用有关信息。

利用单位或者个人不得超出授权范围利用和发布人口健康信息。

第十五条 责任单位应当为服务和管理对象提供其人口健康个案信息的查询和复制服务，并提供安全的信息查询和复制渠道。

第十六条 责任单位应当做好人口健康信息安全和隐私保护工作，按照国家信息安全等级保护制度要求，加强建设人口健康信息相关系统安全保障体系，制定安全管理制度、操作规程和技术规范，保障人口健康信息安全。

利用单位和个人应当按照授权要求，做好所涉及的人口健康信息安全和隐私保护工作。

第十七条 涉及国家秘密的人口健康信息系统应当按照国家涉密信息管理的要求进行分级保护，杜绝泄密。

第十八条 责任单位应当建立痕迹管理制度，任何建立、修改和访问人口健康信息的用户，都应当通过严格的实名身份鉴别和授权控制，做到其行为可管理、可控制、可追溯。

第十九条 人口健康信息相关系统的信息技术产品和服务提供者应当遵守国家有关信息安全审查制度，不得中断或者以其他方式中断合理的技术支持与服务，并应当为人口健康信息在不同系统间的迁移、交互、共享提供安全与便利条件。

第二十条 卫生计生行政部门应当加强对本行政区域内各责任单位人口健康信息管理工作的日常监督检查，对本行政区域内各责任单位人口健康信息综合利用工作的指导监督，提高精细化人口健康服务和管理能力。

第二十一条 卫生计生行政部门建立通报制度。相关单位和个人在人口健康信息利用、人口健康信息系统建设维护和技术支持等过程中，违反本办法规定造成不良后果的，主管部门或责任单位应当对其予以通报；情节严重、违反国家法律法规的，依照国家有关法律法规追究其法律责任。

第二十二条 卫生计生行政部门建立人口健康信息管理工作责任追究制度。对于违反本办法规定的主管部门和责任单位，上级主管部门应当视情节轻重予以督导整改、通报批评、提出给予行政处分的建议；构成犯罪的，依法追究刑事责任。

第二十三条 本办法自印发之日起施行。

流动人口计划生育工作条例

中华人民共和国国务院令

第555号

《流动人口计划生育工作条例》已经2009年4月29日国务院第60次常务会议通过，现予公布，自2009年10月1日起施行。

总理　温家宝

二〇〇九年五月十一日

第一条　为了加强流动人口计划生育工作，寓管理于服务之中，维护流动人口的合法权益，稳定低生育水平，根据《中华人民共和国人口与计划生育法》，制定本条例。

第二条　本条例所称流动人口，是指离开户籍所在地的县、市或者市辖区，以工作、生活为目的异地居住的成年育龄人员。但是，下列人员除外：

（一）因出差、就医、上学、旅游、探亲、访友等事由异地居住、预期将返回户籍所在地居住的人员；

（二）在直辖市、设区的市行政区域内区与区之间异地居住的人员。

第三条　县级以上地方人民政府领导本行政区域内流动人口计划生育工作，将流动人口计划生育工作纳入本地经济社会发展规划，并提供必要的保障；建立健全流动人口计划生育工作协调机制，组织协调有关部门对流动人口计划生育工作实行综合管理；实行目标管理责任制，对有关部门承担的流动人口计划生育工作进行考核、监督。

第四条　流动人口计划生育工作由流动人口户籍所在地和现居

住地的人民政府共同负责,以现居住地人民政府为主,户籍所在地人民政府予以配合。

第五条 国务院人口和计划生育部门主管全国流动人口计划生育工作,制定流动人口计划生育工作规划并组织实施;建立流动人口计划生育信息管理系统,实现流动人口户籍所在地和现居住地计划生育信息共享,并与相关部门有关人口的信息管理系统实现信息共享。

县级以上地方人民政府人口和计划生育部门主管本行政区域内流动人口计划生育工作,落实本级人民政府流动人口计划生育管理和服务措施;组织实施流动人口计划生育工作检查和考核;建立流动人口计划生育信息通报制度,汇总、通报流动人口计划生育信息;受理并及时处理与流动人口计划生育工作有关的举报,保护流动人口相关权益。

县级以上人民政府公安、民政、人力资源社会保障、住房城乡建设、卫生、价格等部门和县级以上工商行政管理部门在各自职责范围内,负责有关的流动人口计划生育工作。

第六条 乡(镇)人民政府、街道办事处负责本管辖区域内流动人口计划生育工作,对流动人口实施计划生育管理,开展计划生育宣传教育;组织从事计划生育技术服务的机构指导流动人口中的育龄夫妻(以下称育龄夫妻)选择安全、有效、适宜的避孕节育措施,依法向育龄夫妻免费提供国家规定的基本项目的计划生育技术服务。

流动人口现居住地和户籍所在地的乡(镇)人民政府、街道办事处之间建立流动人口计划生育信息通报制度,及时采集流动人口计划生育信息,运用流动人口计划生育信息管理系统核实、通报流动人口计划生育信息。

第七条 流动人口中的成年育龄妇女(以下称成年育龄妇女)在离开户籍所在地前,应当凭本人居民身份证到户籍所在地的乡(镇)人民政府或者街道办事处办理婚育证明;已婚的,办理婚育证明还应当出示结婚证。婚育证明应当载明成年育龄妇女的姓名、年龄、公民身份号码、婚姻状况、配偶信息、生育状况、避孕节育情况等内容。

流动人口户籍所在地的乡（镇）人民政府、街道办事处应当及时出具婚育证明。

第八条　成年育龄妇女应当自到达现居住地之日起30日内提交婚育证明。成年育龄妇女可以向现居住地的乡（镇）人民政府或者街道办事处提交婚育证明，也可以通过村民委员会、居民委员会向现居住地的乡（镇）人民政府或者街道办事处提交婚育证明。

流动人口现居住地的乡（镇）人民政府、街道办事处应当查验婚育证明，督促未办理婚育证明的成年育龄妇女及时补办婚育证明；告知流动人口在现居住地可以享受的计划生育服务和奖励、优待，以及应当履行的计划生育相关义务。

村民委员会、居民委员会应当协助乡（镇）人民政府、街道办事处开展本条第二款规定的工作，做好流动人口婚育情况登记。

第九条　流动人口现居住地的县级人民政府公安、民政、人力资源社会保障、卫生等部门和县级工商行政管理部门应当结合部门职责，将流动人口计划生育工作纳入相关管理制度；及时向所在地同级人口和计划生育部门通报在办理有关登记和证照等工作中了解的流动人口婚育证明办理情况等计划生育信息。

接到通报的人口和计划生育部门应当及时会同乡（镇）人民政府、街道办事处落实流动人口计划生育管理和服务措施。

第十条　流动人口在现居住地享受下列计划生育服务和奖励、优待：

（一）免费参加有关人口与计划生育法律知识和生殖健康知识普及活动；

（二）依法免费获得避孕药具，免费享受国家规定的其他基本项目的计划生育技术服务；

（三）晚婚晚育或者在现居住地施行计划生育手术的，按照现居住地省、自治区、直辖市或者较大的市的规定，享受休假等；

（四）实行计划生育的，按照流动人口现居住地省、自治区、直辖市或者较大的市的规定，在生产经营等方面获得支持、优惠，在社会救济等方面享受优先照顾。

第十一条　流动人口现居住地的地方各级人民政府和县级以上地方人民政府有关部门应当采取措施，落实本条例第十条规定的流动人口计划生育服务和奖励、优待。

流动人口户籍所在地的地方各级人民政府和县级以上地方人民政府有关部门应当依法落实法律、法规和规章规定的流动人口计划生育服务和奖励、优待。

第十二条　育龄夫妻应当自觉落实计划生育避孕节育措施，接受户籍所在地和现居住地人民政府的计划生育管理。

第十三条　流动人口现居住地从事计划生育技术服务的机构应当按照所在地省、自治区、直辖市或者较大的市的规定，为已婚育龄妇女出具避孕节育情况证明。

流动人口现居住地的乡（镇）人民政府或者街道办事处应当根据已婚育龄妇女的避孕节育情况证明，及时向其户籍所在地的乡（镇）人民政府或者街道办事处通报流动人口避孕节育情况。流动人口户籍所在地的县级人民政府人口和计划生育部门、乡（镇）人民政府或者街道办事处不得要求已婚育龄妇女返回户籍所在地进行避孕节育情况检查。

第十四条　流动人口现居住地的村民委员会、居民委员会应当协助所在地的乡（镇）人民政府或者街道办事处了解本村或者本居住地区流动人口计划生育情况，及时向乡（镇）人民政府或者街道办事处通报相关信息。

房屋租赁中介机构、房屋的出租（借）人和物业服务企业等有关组织和个人在村民委员会、居民委员会了解流动人口计划生育情况时，应当如实提供相关信息。

第十五条　用人单位应当做好本单位流动人口计划生育工作，依法落实法律、法规和规章规定的流动人口计划生育奖励、优待，接受所在地的乡（镇）人民政府或者街道办事处和县级以上地方人民政府人口和计划生育部门的监督、检查。

第十六条 育龄夫妻生育第一个子女的，可以在现居住地的乡（镇）人民政府或者街道办事处办理生育服务登记。办理生育服务登记，应当提供下列证明材料：

（一）夫妻双方的居民身份证；

（二）结婚证；

（三）女方的婚育证明和男方户籍所在地的乡（镇）人民政府或者街道办事处出具的婚育情况证明材料。

育龄夫妻现居住地的乡（镇）人民政府或者街道办事处应当自收到女方的婚育证明和男方的婚育情况证明材料之日起7个工作日内，向育龄夫妻户籍所在地的乡（镇）人民政府或者街道办事处核实有关情况。育龄夫妻户籍所在地的乡（镇）人民政府或者街道办事处应当自接到核实要求之日起15个工作日内予以反馈。核查无误的，育龄夫妻现居住地的乡（镇）人民政府或者街道办事处应当在接到情况反馈后即时办理生育服务登记；情况有误、不予办理的，应当书面说明理由。

现居住地的乡（镇）人民政府或者街道办事处应当自办理生育服务登记之日起15个工作日内向育龄夫妻户籍所在地的乡（镇）人民政府或者街道办事处通报办理结果。

第十七条 出具婚育证明或者其他计划生育证明材料，不得收取任何费用。

流动人口计划生育工作所需经费，按照国家有关规定予以保障。

第十八条 地方各级人民政府和政府有关部门以及协助查验婚育证明的村民委员会、居民委员会及其工作人员，应当对涉及公民隐私的流动人口信息予以保密。

第十九条 县级以上人民政府人口和计划生育部门未依照本条例的规定履行流动人口计划生育工作职责的，由本级人民政府或者上级人民政府人口和计划生育部门责令改正，通报批评；情节严重的，对主要负责人、直接负责的主管人员和其他直接责任人员依法给予处分。

第二十条　流动人口户籍所在地的乡（镇）人民政府或者街道办事处在流动人口计划生育工作中有下列情形之一的，分别由乡（镇）人民政府的上级人民政府或者设立街道办事处的人民政府责令改正，通报批评；情节严重的，对主要负责人、直接负责的主管人员和其他直接责任人员依法给予处分：

（一）未依照本条例规定为流动人口出具计划生育证明材料，出具虚假计划生育证明材料，或者出具计划生育证明材料收取费用的；

（二）违反本条例规定，要求已婚育龄妇女返回户籍所在地进行避孕节育情况检查的；

（三）未依法落实流动人口计划生育奖励、优待的；

（四）未依照本条例规定向流动人口现居住地的乡（镇）人民政府、街道办事处反馈流动人口计划生育信息的；

（五）违反本条例规定的其他情形。

第二十一条　流动人口现居住地的乡（镇）人民政府或者街道办事处在流动人口计划生育工作中有下列情形之一的，分别由乡（镇）人民政府的上级人民政府或者设立街道办事处的人民政府责令改正，通报批评；情节严重的，对主要负责人、直接负责的主管人员和其他直接责任人员依法给予处分：

（一）未依照本条例规定向育龄夫妻免费提供国家规定的基本项目的计划生育技术服务，或者未依法落实流动人口计划生育奖励、优待的；

（二）未依照本条例规定查验婚育证明的；

（三）未依照本条例规定为育龄夫妻办理生育服务登记，或者出具虚假计划生育证明材料，或者出具计划生育证明材料收取费用的；

（四）未依照本条例规定向流动人口户籍所在地的乡（镇）人民政府、街道办事处通报流动人口计划生育信息的；

（五）违反本条例规定的其他情形。

第二十二条　流动人口现居住地的县级人民政府公安、民政、人力资源社会保障、卫生等部门和县级工商行政管理部门违反本条例第九条规定的,由本级人民政府或者上级人民政府主管部门责令改正,通报批评。

第二十三条 流动人口未依照本条例规定办理婚育证明的,现居住地的乡(镇)人民政府或者街道办事处应当通知其在3个月内补办;逾期仍不补办或者拒不提交婚育证明的,由流动人口现居住地的乡(镇)人民政府或者街道办事处予以批评教育。

第二十四条 用人单位违反本条例第十五条规定的,由所在地县级人民政府人口和计划生育部门责令改正,通报批评。

房屋租赁中介机构、房屋的出租(借)人和物业服务企业等有关组织或者个人未依照本条例规定如实提供流动人口信息的,由所在地的乡(镇)人民政府或者街道办事处责令改正,予以批评教育。

第二十五条 本条例自2009年10月1日起施行。1998年8月6日国务院批准、1998年9月22日原国家计划生育委员会发布的《流动人口计划生育工作管理办法》同时废止。

"十三五"全国流动人口卫生计生服务管理规划

国家卫生计生委关于印发
"十三五"全国流动人口卫生计生服务管理规划的通知
国卫流管发〔2017〕9号

各省、自治区、直辖市卫生计生委，新疆生产建设兵团卫生局、人口计生委：

为进一步加强流动人口卫生计生服务管理工作，推进健康中国和新型城镇化建设，我委制定了《"十三五"全国流动人口卫生计生服务管理规划》（可从国家卫生计生委网站下载）。现印发给你们，请认真贯彻执行。

国家卫生计生委
2017年2月9日

加强流动人口卫生计生服务管理，是推进健康中国建设的内在要求，也是增强流动人口获得感的迫切需要。为做好"十三五"时期流动人口卫生计生服务管理工作，依据《流动人口计划生育工作条例》、《中华人民共和国国民经济和社会发展第十三个五年规划纲要》、《国家新型城镇化规划（2014-2020年）》、《"健康中国2030"规划纲要》、《"十三五"期间深化医药卫生体制改革规划》、《"十三五"卫生与健康规划》和《"十三五"全国计划生育事业发展规划》，制定本规划。

一、规划背景

"十二五"时期是我国流动人口卫生计生工作迈出重要步伐的五年。党的十八大以来，以习近平同志为核心的党中央对坚持走中国特色新型城镇化道路，加快推进农业转移人口市民化、实现基本公共服务常住人口全覆盖作出了明确部署。卫生计生系统牢固树立服务为先的理念，大胆实践，积极转变工作思路和方法，流动人口卫生计生工作取得积极进展。

5年来，流动人口卫生计生服务管理主要目标任务顺利完成。流动人口服务管理全国"一盘棋"工作机制基本建立，人口流入与流出集中地区、毗邻交界地区之间多层次协作活跃；卫生计生服务均等化大力推进，基本公共卫生和计划生育服务覆盖面不断扩大，流动人口计划生育服务覆盖率达到85%以上，流动人口接受健康教育的比例、产后健康检查率、流动儿童预防接种率等指标持续提升；信息化应用和共享得到加强，基本实现了全国范围内流动人口计划生育重点人群、重点信息的交互共享，国家流动人口服务管理信息系统月平均交换跨省信息约120万条，信息反馈率在90%以上；便民服务措施不断优化，首接责任制、承诺制顺利推行，流动人口婚育证明电子化改革全面推进，"办证难"等群众反映突出的问题得到较好解决；流动人口全员统计和动态监测体系基本建立，决策支撑作用日益明显，每年发布《中国流动人口发展报告》；流动人口和留守人群关怀关爱活动广泛开展，促进流动人口社会融合试点工作稳步推进。

习近平总书记在全国卫生与健康大会上强调，要重视流动人口健康。2015年，我国流动人口总量为2.47亿人，占全国总人口的18%，其中75%左右从农村流向城市，预计到2020年仍有2亿左右流动人口。流动人口绝大多数年富力强，但健康素养和卫生意识较为缺乏，身体健康和心理健康问题容易被个人、企业和社会所忽视。人口的流动给公共卫生服务带来挑战，增加了传染性疾病的传播机会。流动人口职业相关疾病和伤害发生的风险较大。流动妇女的孕产期保健、流动儿童的健康管理和预防接种等方面更应引起关注。新生代流动人口的生殖健康问题较为突出。

党中央、国务院部署"十三五"时期深入推进以人为核心的新型城镇化建设，着力解决"三个一亿人"问题，为做好流动人口卫生计生服务管理工作指明了方向。健康中国战略的实施，计划生育事业的转型发展，卫生计生资源的深度融合，为流动人口卫生计生服务管理工作提供了更广阔的平台。"十三五"时期，人口继续向沿江、沿海、沿主要交通线地区聚集，流动人口居住长期化和家庭化的趋势更加明显，流动人口在流入地生育、就医、养老的比例不断上升，对相关公共服务和社会保障的需求持续增长，给流动人口卫生计生服务管理工作带来新的挑战。一些深层次问题亟待突破，流动人口基本医保权益保障水平和基本公共卫生计生服务均等化水平有待提升。

"十三五"时期，要围绕增进流动人口健康福祉这一目标，深化对流动人口健康问题及服务需求的调查研究，有针对性地完善政策、创新机制、加强服务，努力全方位、全周期保障流动人口健康，使流动人口共享改革发展成果。

二、指导思想和发展目标

（一）指导思想

全面贯彻党的十八大和十八届三中、四中、五中、六中全会精神，深入学习贯彻习近平总书记系列重要讲话精神，紧紧围绕统筹推进"五位一体"总体布局和协调推进"四个全面"战略布局，认真落实党中央、国务院决策部署，坚持以人民为中心的发展思想，牢固树立和贯彻落实新发展理念，坚持正确的卫生与健康工作方针，以改革创新服务管理制度为动力，以落实基本公共服务为重点，以深化全国"一盘棋"工作机制为抓手，加强流动人口统计监测，强化综合治理和区域协作，推进服务均等化和信息共享，实现人人享有基本公共卫生服务和计划生育优质服务，促进流动人口市民化和社会融合。

（二）发展目标

流动人口卫生计生服务管理法规制度不断完善，信息互通、服务互补、管理互动的流动人口服务管理全国"一盘棋"工作机制不断完善，基层服务管理责任进一步落实。流动人口卫生计生服务均等化水平不断提升，流动人口目标人群基本公共卫生计生服务覆盖率达到90%。流动人口全员统计、动态监测和决策支持体系进一步健全，全面实现流动人口卫生计生信息化管理。

专栏一　规划主要指标

指　标	2015年	2020年目标值	指标性质
基本公共服务指标			
流动人口目标人群基本公共卫生计生服务覆盖率	86%	90%	预期性
流动人口健康教育覆盖率	84%	95%	预期性
流动儿童预防接种率	90%以上	90%以上	约束性
流动孕产妇产前检查率	79%	85%	约束性
3岁以下流动儿童体检率	70%	85%	预期性
流动人口目标人群计划生育服务覆盖率	87%	90%	预期性
信息化指标			
跨省流动人口计划生育服务信息协查反馈率	90%以上	90%以上	约束性
全员流动人口信息入库率	90%以上	90%以上	约束性

三、主要任务

（一）改革流动人口卫生计生服务管理制度，强化跨省流动人口服务管理责任落实

完善法规规章制度。按照《人口与计划生育法》、《中共中央国务院关于实施全面两孩政策改革完善计划生育服务管理的决定》要求，推动修订《流动人口计划生育工作条例》，组织清理相关部门规章和规范性文件，指导地方健全完善流动人口服务管理法规规章。开展流动人口卫生计生服务管理相关制度落实情况监督检查。

加强综合治理。发挥计划生育领导小组、流动人口工作领导小组作用，深化部门协作，强化综合决策，形成齐抓共管工作格局。

健全流动人口卫生计生服务管理统筹协调机制,建立定期会商制度,促进卫生计生资源整合,推动政策衔接。将流动人口卫生计生服务管理工作纳入政府目标管理责任制。

深化区域协作。结合国家区域发展总体战略,建立和完善京津冀、长江经济带、泛珠三角等重点区域协作制度,以信息互通、数据共享为基础,促进基层服务管理责任落实。突出不同层级区域协作的重点,完善区域协作的组织形式和运行方式。充分发挥计划生育协会、流动党支部、商会等组织在区域协作中的作用。加强多层级人员培训,提升基层流动人口卫生计生服务管理能力。

(二)推进基本公共服务均等化,提高流动人口卫生计生服务的公平性和可及性

全面落实基本公共卫生和计划生育服务。按照常住人口(或服务人口)配置服务资源,将流动人口纳入流入地社区卫生计生服务范围。提升流动人口聚集地区的妇幼保健服务能力,做好流动孕产妇和0-6岁流动儿童的各项服务。加强流动孕产妇及所生儿童预防艾滋病、梅毒、乙肝母婴传播工作。探索艾滋病异地抗病毒治疗工作机制,实施结核病患者跨区域信息管理工作。做好流动人口聚居地突发公共卫生事件应对,强化流动人口职业卫生。关注流动人口心理健康,开展心理健康指导和关爱服务。加强流动人口健康档案建立、应用和慢性病管理工作。发挥流动人口基本公共卫生计生服务均等化重点联系城市示范带动作用,不断创新工作机制,提升服务的覆盖面、质量和效率。

加强农民工等流动人口基本医保权益保障。会同相关部门加快城乡居民基本医疗保险制度整合进度,完善并落实基本医疗保险关系转移接续和异地就医结算办法,加强对进城农民工和用工企业在参保、就医方面的政策宣传,引导和规范其按规定参加相应的医疗保险。推动基本医疗保险、大病保险、疾病应急救助和医疗救助等制度的衔接。完善国家和省级新农合信息平台,加快推进新农合跨省就医费用核查和结报工作。加强流入、流出地之间的信息沟通和

相关服务衔接，使流动人口在流动过程中接续获得各项基本公共卫生计生服务。

大力开展流动人口健康教育和促进。研究发布流动人口健康教育核心信息，培育流动人口健康促进场所和健康家庭。广泛开展"人口流动 健康同行"系列健康促进活动，在流动人口聚集的城市开展新市民健康城市行接力活动，针对新生代农民工、流动育龄妇女、青少年的不同健康需求，进行重大传染病防治、慢性病防治、职业病防治、妇幼健康、计划生育、心理健康等相关知识和政策的宣传教育，提升流动人口健康意识和健康素养水平。

完善服务供给模式。加强流动人口聚集的工业园区、集贸市场、城乡结合部服务网络建设。有需要的地区，逐步为流动人口聚集地区配备流动服务车，作为基层卫生计生固定服务点的必要补充，扩大服务半径。针对流动人口需求，探索服务进厂矿、进市场、进学校、进社区的途径，为流动人口提供主动服务、上门服务。充分利用互联网和信息技术，做好妇幼保健、生殖健康、心理健康咨询和避孕药具发放服务。有序推进政府购买卫生计生服务，为流动人口提供更加便捷高效的服务。

专栏二　流动人口基本公共卫生计生服务均等化促进工程

以健康促进为抓手，以示范区建设为带动，提高流动人口及其家庭对健康知识和服务政策的知晓率，促进基本公共卫生和计生服务的落实，使流动人口较充分地获得卫生计生的基本公共服务。

流动人口基本公共卫生计生服务均等化示范区（县、市）培育项目。在全国流动人口占一定比例的区（县、市）培育和建设流动人口基本公共卫生计生服务均等化示范区（县、市），在政策支持、保障到位、服务可及等方面起到示范带动作用。到2020年，示范比例达到50%左右。

流动人口健康教育和促进行动。在流动人口较多的城市开展以宣传基本公共卫生计生服务政策和地方典型经验为主要内容的新市民健康城市行活动。开发传播流动人口健康教育系列资料，指导地方建设400个流动人口健康促进示范企业、400个示范学校、3000个流动人口健康家庭。

> 流动青少年性与生殖健康项目。在流动人口子女集中的学校和流动人口聚集的工厂、单位，开展流动青少年和未婚青年的"青春健康"教育培训，包括建立青年互助网络、推进"青少年友好服务"和开展同伴教育，提高10—24岁青少年和未婚青年的性与生殖健康、艾滋病防治知识知晓水平。
>
> 贫困地区农村留守儿童健康教育项目。开展贫困地区农村留守儿童健康服务需求评估，发布农村留守儿童健康教育核心信息，开发健康传播工具包，组织开展科学喂养、营养膳食、卫生习惯与健康行为、心理健康、伤害预防与自我防护等方面的健康教育活动。
>
> 综合避孕项目。在妇幼健康、公立医院、基层医疗卫生机构设立免费药具发放柜台，提供专业咨询服务和开展面对流动人口的综合倡导活动，并通过媒介传播避孕知识，使育龄人群避孕效果提高，减少非意愿妊娠。在流动人口聚集的社区增设计划生育药具发放服务网点，利用新媒体采取灵活多样的发放模式，提高药具服务的可及性和便捷性。

（三）加强流动人口信息化建设和应用，进一步做好简政便民工作

优化升级流动人口服务管理信息系统。调整信息系统中重点交换信息的内容，重点加强流入地和流出地之间流动人口婚育信息和出生信息的交互共享。完善流动人口婚育信息管理、查询平台和生育登记服务承诺书管理库。流入地卫生计生部门做好重点服务管理信息的通报，流出地卫生计生部门配合流入地做好信息核实，提高信息的准确率和及时率。

加快推进信息共享。开展流动人口信息共享试点，推进流动人口信息与生育登记、出生、预防接种等信息的协同共享。完善信息采集机制，更多地通过服务采集流动人口相关信息，了解流动人口需求。推动形成流动人口信息一次性采集、多部门使用的机制，推进部门之间流动人口信息的互联互通。

完善便民维权措施。按照便民、利民、亲民的原则，简化为流动人口提供公共服务的流程，坚决取消各类不合理的证明材料。坚持和完善首接责任制、承诺制，推行一站式服务和网上办事，切实

做好流动人口在流入地的二孩以下（含二孩）生育登记等服务。严格依法行政，严肃查处侵害流动人口合法权益的行为。

（四）充分发挥计划生育协会等社会组织的协同作用，促进流动人口社会融合

扩大流动人口计划生育协会工作覆盖面。按照政府指导与群众自愿、行政管理与群众工作相结合的原则，积极探索建立多种形式的流动人口计划生育协会组织，开展流动人口计生协示范创建活动。加强流入地流出地协会协同配合，加强协会与行政部门、其他社会组织的沟通协作，更好地发挥协会在开展宣传倡导、了解现实需求、促进家庭发展、维护合法权益等流动人口服务工作中的作用。

深入开展流动人口关怀关爱活动。整合政府、社会、企业资源，开展流动人口卫生计生关怀关爱专项行动，倡导全社会关注流动人口和留守人群。将关怀关爱活动融入流动人口卫生计生服务管理日常工作，探索建立常态化工作机制。做好返乡流动人口的卫生计生服务。加强对贫困地区留守妇女、儿童和老人的健康关爱。继续开展"你在他乡还好吗"等活动。

持续推进流动人口社会融合示范试点工作。加强示范社区建设，搭建流动人口社会融合平台。推动示范试点城市制定有利于流动人口家庭发展的政策措施，提升流动人口家庭社会融入能力。利用公益慈善力量，加大对因病致贫、因病返贫的流动人口家庭救助帮扶力度。支持研究机构和社会组织完善流动人口社会融合指标体系，建立社会融合状况评估机制。深化流动人口卫生计生国际合作，拓展合作项目。

专栏三　流动人口基层卫生计生服务管理能力提升工程

流动人口基层工作人员培训项目。开展对流动人口服务管理工作人员的培训，提升其计划生育服务管理、基本公共卫生计生服务、信息化建设和应用等方面的业务能力，增强服务意识。强化流动人口集聚地区、少数民族地区、贫困地区干部业务培训。

流动人口计划生育协会能力提升项目。在流动人口集聚地区普遍建立计划生育协会组织，依托"会员之家"、"青春健康俱乐部"等活动场所，按照统一标准加强阵地建设。加强基层计生协干部队伍培训，提高组织动员群众能力。在流动人口集中的县（市、区）以及产业园区、大型集贸市场，流动人口计生协组织及活动覆盖率达到85%。

（五）健全流动人口全员统计和动态监测体系，为卫生计生服务提供决策支撑

完善流动人口全员统计和动态监测制度。调整流动人口计划生育统计项目，增加流动人口公共卫生统计内容。建立与居住证制度相适应的流动人口卫生计生统计制度。健全流动人口动态监测指标体系，建立固定监测点，推进人口流动、分布监测技术和手段创新。加强统计监测数据质量督导，强化数据核查比对，提高数据质量。健全适时采集、动态监测、综合分析、科学决策的统计监测体系。

强化数据开发应用。加强人口流动迁移趋势、流动人口健康状况及健康影响因素、卫生计生服务利用状况的分析研究，为相关政策评估提供数据支撑。构建多层级数据开发应用和成果发布机制，形成以《中国流动人口发展报告》为核心的系列研究成果。充分利用地理信息系统、物联网、云计算、大数据等技术，推进统计监测数据的开放共享和分析应用。

专栏四　流动人口动态监测与决策支持工程

以流动人口动态监测项目为支撑，完善流动人口动态监测体系和决策分析系统，开展流动人口流向、分布、结构变动趋势及服务管理状况分析，为各级政府科学决策和公共服务提供信息支持。

流动人口卫生和计划生育动态监测项目。每年开展一次覆盖全国的抽样调查，组织若干次专题调查。重点监测分析流动人口的人口学基本信息、就业、居住、社会保障、计划生育服务管理、基本医疗服务和公共卫生服务等情况以及社会融合状况。

> 流动人口服务管理决策支持体系项目。依托流动人口统计监测数据和相关研究，完善流动人口卫生计生数据库和人口分布可视化平台，加快推进流动人口数据共享系统和网站建设，推动流动人口数据开发和应用。

四、保障措施

（一）加大保障力度

建立健全以常住人口为基数的卫生计生基本公共服务投入保障和绩效考核机制，提升卫生计生公共服务资源的供给效率。加强流动人口聚集地区的人员配置，通过建立流动人口协管员队伍、设置计划生育公益岗位、建立流动人口计生协会组织等充实基层服务管理力量。

（二）做好宣传引导

充分利用新媒体，加强流动人口相关政策的宣传和解读，及时回应社会关注的热点问题。突出亮点和特色，加大先进典型经验和工作成效的宣传力度，营造有利于流动人口卫生计生事业改革发展的良好氛围。

（三）强化督导落实

建立规划评估指标体系，完善规划实施监测制度，及时发现和解决规划实施过程中存在的问题。对重点任务开展专项督查，开展规划中期、末期评估，引入第三方评估确保各项任务落实。

"十三五"促进民族地区和人口较少民族发展规划

国务院关于印发
"十三五"促进民族地区和人口较少民族发展规划的通知
国发〔2016〕79号

各省、自治区、直辖市人民政府，国务院各部委、各直属机构：

现将《"十三五"促进民族地区和人口较少民族发展规划》印发给你们，请认真贯彻实施。

国务院
2016年12月24日

前 言

我国是一个统一的多民族国家，共有55个少数民族、155个民族自治地方，少数民族人口占全国总人口的8.5%，民族自治地方面积占全国国土总面积的64%。"十三五"时期，把加快少数民族和民族地区发展摆到更加突出的战略位置，对于补齐少数民族和民族地区发展短板，保障少数民族合法权益，提升各族人民福祉，增进民族团结进步，促进各民族交流交往交融，维护社会和谐稳定，确保国家长治久安，实现全面建成小康社会和中华民族伟大复兴中国梦，具有重要意义。

本规划根据《中华人民共和国民族区域自治法》、《中共中央国务院关于加强和改进新形势下民族工作的意见》、《中华人民共和国国民经济和社会发展第十三个五年规划纲要》编制，主要阐明国家支持少数民族和民族地区发展、加强民族工作的总体目标、主要任务和重大举措，是"十三五"时期促进少数民族和民族地区全面建成小康社会的行动纲领。

第一章 面临的发展环境

第一节 基础条件

"十二五"时期，各地区各部门认真贯彻落实党中央、国务院决策部署，我国少数民族和民族地区发展取得显著成绩。特别是党的十八大以来，在以习近平同志为核心的党中央坚强领导下，少数民族和民族地区综合实力大幅提升，经济社会全面协调发展。基础设施建设取得突破性进展，群众生产生活条件明显改善。特色优势产业快速发展，自我发展能力日益增强。扶贫攻坚成效明显，农牧民收入持续增加。社会事业取得长足进步，基本公共服务水平稳步提高。生态文明建设成效显著，环境质量进一步改善。新型城镇化持续推进，少数民族特色村镇得到有效保护与发展。少数民族文化事业繁荣发展，各族群众精神生活更加丰富。全方位开放合作深化拓宽，国际国内竞争优势日益凸显。民族团结不断巩固，民族关系更加和谐。依法管理民族事务能力持续提升，各民族凝聚力向心力不断增强。总的看，少数民族和民族地区初步具备全面建成小康社会的基础条件。

第二节 主要困难

由于历史、自然和地理等原因，少数民族和民族地区发展仍面临一些突出问题和特殊困难。经济社会发展总体滞后，供给侧结构性改革任务艰巨，产业发展层次水平偏低，新旧动能转换难度较大。城乡区域发展不平衡，基本公共服务供给不足，基础设施建设欠账多，资源环境约束大，创新发展能力弱，对内对外开放水平不高。少数民族和民族地区人口整体素质有待提高，少数民族传统文化传承发展亟待加强，贫困问题依然严峻，维护社会和谐稳定任务繁重，缩小与全国发展差距仍然任重道远。破解多重问题和困难，必须加快少数民族和民族地区发展。

第三节 机遇挑战

"十三五"时期，我国经济发展进入新常态，国际国内发展环境更加复杂，少数民族和民族地区发展呈现新的特点，面临新的机遇和挑战。一方面，世界局势正在发生深刻变化，地缘政治关系多极化不断向纵深发展，世界范围内不稳定不确定不平衡因素显著增多，我国发展面临的国际风险挑战加大。同时，新型工业化、信息化、城镇化、农业现代化深入推进，改革攻坚进入深水区，我国经济下行压力增大，稳增长、调结构、惠民生、防风险任务日益繁重，民族地区协调各方面关系、承受各种风险、化解社会矛盾的压力呈现加大趋势，面临脱贫攻坚和实现全面小康双重任务、发展经济和保护环境双重责任、加快发展和维护团结稳定双重压力。另一方面，随着我国进入全面建成小康社会决胜阶段，"一带一路"建设加快推进，区域协调有序发展，脱贫攻坚全面展开，民族地区奔小康行动深入实施，国家对民族地区、边疆地区、贫困地区全方位扶持力度不断加大，少数民族和民族地区面临难得的发展机遇。"十三五"时期加快少数民族和民族地区发展必须把握机遇，应对挑战，确保如期实现全面建成小康社会目标。

第二章 总体要求

第一节 指导思想

高举中国特色社会主义伟大旗帜，以马克思列宁主义、毛泽东思想、邓小平理论、"三个代表"重要思想、科学发展观为指导，全面贯彻党的十八大和十八届三中、四中、五中、六中全会精神，深入贯彻习近平总书记系列重要讲话精神和治国理政新理念新思想新战略，紧紧围绕"五位一体"总体布局和"四个全面"战略布局，全面落实中央民族工作会议精神和新形势下民族工作总体思路，牢牢把握各民族共同团结奋斗、共同繁荣发展的民族工作主题，坚定不移走中国特色解决民族问题的正确道路，坚持全面贯彻落实党的民族政策，坚持和完善民族区域自治制度，坚持各民族交往交流交融，坚持创新、协调、绿色、开放、共享的发展理念，始终把少数民族和民族地区加快发展摆在更加突出的战略位置，以推动民族团结、社会和谐、人民幸福为宗旨，以增强自我发展能力、提高公共服务水平、改善民生为重点，以完善体制机制和扶持政策为保障，更加注重民族因素与区域因素相结合，更加注重发展经济与改善民生相结合，更加注重释放政策动力与激发内生动力相结合，更加注重推动改革创新与对内对外开放相结合，着力解决制约少数民族和民族地区发展的突出短板和薄弱环节，着力促进少数民族事业发展，着力巩固和发展平等团结互助和谐的社会主义民族关系，着力提高依法管理民族事务能力，确保到2020年少数民族和民族地区与全国人民一道迈入全面小康社会。

第二节　基本原则

——坚持加快发展、缩小差距。紧密围绕全面建成小康社会战略目标，统筹考虑当前与长远、城乡协调发展，突出重点和难点，全力推动供给侧结构性改革，大力推进基础设施建设，着力打造产业发展新优势，不断增强自我发展能力，促进少数民族和民族地区持续健康发展，逐步缩小与其他地区发展差距。

——坚持以人为本、改善民生。坚持以人民为中心，充分调动人民群众的积极性、主动性、创造性，始终把改善民生、凝聚人心、增进人民福祉、促进人的全面发展作为一切工作的出发点和落脚点，着力实现好、维护好、发展好人民群众的根本利益，切实增强各民族群众的获得感和幸福感，让少数民族和民族地区共享改革发展成果。

——坚持绿色发展、保护生态。全面落实节约资源和保护环境基本国策，正确处理经济发展与生态环境保护的关系，深入推进生态文明建设，大力发展绿色经济，推动经济绿色转型，促进人与自然和谐发展，推动少数民族和民族地区走出一条生产发展、生活富裕、生态优美的绿色发展之路。

——坚持因地制宜、分类指导。树立创新、协调、绿色、开放、共享的发展理念，立足民族地区资源环境条件和少数民族传统文化特点，因地制宜、分类施策、突出特色，科学确定发展模式与实施路径，加强对少数民族和民族地区发展薄弱环节的工作指导和政策扶持，确保如期实现脱贫攻坚任务。

——坚持改革创新、扩大开放。充分发挥市场在资源配置中的决定性作用，更好发挥政府作用，深化重点领域和关键环节改革，鼓励先行先试，创新体制机制，释放改革活力，全方位拓展开放合作，努力构筑民族地区对内对外开放新格局。

——坚持国家支持、自力更生。发挥各级党委总揽全局、协调各方的领导核心作用，紧紧抓住国家推动区域协调发展的重大机遇，坚持加大中央支持与激发地方内生动力相结合，加强顶层设计，完善政策体系，加大投入力度，厚植发展优势，加快发展步伐，提升发展水平，促进少数民族和民族地区经济社会跨越式发展。

——坚持民族团结、共同发展。充分发挥社会主义制度的优越性，把民族团结作为各族人民的生命线，促进各民族唇齿相依、手足相亲、守望相助，以繁荣发展促进团结稳定，以团结稳定保障繁荣发展，促进各民族交往交流交融，探索走出一条具有中国特色、符合民族地区特点、体现各族人民意愿的团结发展道路。

第三节　主要目标

按照确保到2020年实现与全国同步全面建成小康社会的要求，"十三五"时期少数民族和民族地区发展的主要目标是：

——经济持续较快发展。经济发展增速高于全国平均水平，到

2020年地区生产总值和城乡居民人均收入比2010年翻一番，与全国差距明显缩小。农牧区加快发展，脱贫攻坚取得实效，基础设施更加完善，产业结构持续优化，城镇化水平大幅提升，对内对外开放水平显著提高，综合经济实力明显增强。

——社会事业稳步提升。基本公共服务均等化水平显著提升，资源配置更加合理，城乡差距明显缩小，主要领域指标达到或接近全国平均水平。城乡居民就业更加充分，劳动年龄人口受教育年限明显提高，社会保障实现全覆盖，基本医疗卫生服务人人享有，人民群众整体素质和社会文明程度全面提升。

——民族文化繁荣发展。少数民族优秀传统文化得到传承弘扬，文化事业加快发展，公共文化服务体系基本建成，文化基础设施更加完备，文化产品日益丰富，文化产业持续壮大，文化发展成果惠及各族群众，少数民族特色文化活动广泛开展，各民族共有精神家园建设成效显著。

——生态环境明显改善。国家生态安全屏障基本形成，主体功能区建设成效凸显，生态环境保护能力显著提升，生态保护补偿机制逐步建立健全，资源循环利用体系初步建立，环境治理能力不断增强，城乡人居环境更加优美，资源节约型、环境友好型社会建设稳步推进。

——民族团结更加巩固。中华民族共同体意识深入人心，全社会"三个离不开"（汉族离不开少数民族，少数民族离不开汉族，各少数民族之间也相互离不开）思想全面加强，各民族群众"五个认同"（对伟大祖国、对中华民族、对中华文化、对中国共产党、对中国特色社会主义道路的认同）不断增强，民族理论政策创新发展，民族工作法律法规日臻完善，民族事务治理现代化水平显著提高，相互嵌入式的社会结构和社区环境逐步建立，民族团结进步示范区建设深入推进，各民族和睦相处、和衷共济、和谐发展，社会主义民族关系得到进一步巩固。

专栏 1 "十三五"时期民族自治地方经济社会发展主要指标

指标	2015年	2020年	年均增速〔累计〕	属性
经济发展				
（1）地区生产总值（万亿元）	6.65	9.8	>8%	预期性
（2）全员劳动生产率（万元/人）	6.48	9.1	>7%	预期性
协调发展				
（3）工业增加值（万亿元）	2.62	>3.8	>7.5%	预期性
（4）服务业增加值比重（%）	42.26	47	〔4.74〕	预期性
（5）城镇化率（%）	47.09	54.2	〔7.11〕	预期性
共享发展				
（6）农村贫困人口脱贫（万人）	—	—	〔1805〕	约束性
（7）居民人均可支配收入增长（%）	—	—	>9%	预期性
（8）劳动年龄人口平均受教育年限（年）	9.01	10.3	〔1.29〕	约束性
（9）城镇新增就业人数（万人）	—	—	〔>500〕	预期性
（10）基本养老保险参保率（%）	81.7	90	〔8.3〕	预期性
（11）人均预期寿命（岁）	—	—	〔1〕	预期性
绿色发展				
（12）耕地保有量（亿亩）	3.19	3.19	〔0〕	约束性
（13）单位GDP能源消耗降低（%）	—	—	〔13〕	约束性
（14）森林覆盖率（%）	17.85	19.8	〔1.95〕	约束性

续表

指标	2015年	2020年	年均增速〔累计〕	属性
开放发展				
（15）进出口总额（亿美元）	1201	>2114.4	>14%	预期性
（16）边贸进出口额比重（%）	33.4	43.6	〔10.2〕	预期性
（17）实际利用外资额（亿美元）	109.79	>151.1	>6.6%	预期性
创新发展				
（18）研究与试验发展经费投入强度（%）	0.74	1.7	〔0.96〕	预期性
（19）科技进步贡献率（%）	45.8	54	〔8.2〕	预期性
（20）互联网普及率 固定宽带家庭普及率（%）	36	60	〔24〕	预期性
（20）互联网普及率 移动宽带用户普及率（%）	50	79	〔29〕	预期性
团结发展				
（21）少数民族人口流动率（%）	15.09	16.9	〔1.81〕	预期性
（22）全国民族团结进步教育基地（个）	57	>117	〔>60〕	约束性
（23）全国民族团结进步创建示范区（个）	0	>1000	〔>1000〕	约束性
（23）全国民族团结进步创建示范单位（个）	135	>1135	〔>1000〕	约束性

注：①地区生产总值、全员劳动生产率、工业增加值按可比价计算，绝对数按2015年不变价计算。

②〔 〕内为5年累计数。③城镇新增就业人数仅包括5个自治区。

第三章 全力打赢脱贫攻坚战

第一节 确保如期实现脱贫目标

由于历史、自然和地理等原因，少数民族和民族地区致贫情况复杂、表现特殊，贫困程度深，脱贫任务重。必须牢固树立科学治贫、精准脱贫理念，把脱贫攻坚作为发展头等大事和第一民生工程，采取超常规硬举措，健全扶贫工作机制，确保如期实现少数民族和民族地区脱贫。按照发展生产脱贫一批、易地搬迁脱贫一批、生态补偿脱贫一批、发展教育脱贫一批、社会保障兜底一批的要求，坚持精准扶贫、精准脱贫基本方略，以民族自治地方、边境地区、人口较少民族地区的贫困地区为主战场，加快解决少数民族和民族地区发展瓶颈，稳定实现农村贫困人口不愁吃、不愁穿，义务教育、基本医疗和住房安全有保障，现行标准下农村贫困人口全部脱贫，贫困县全部摘帽，解决区域性整体贫困，确保少数民族和民族地区与全国同步进入全面小康社会。（国务院扶贫办、财政部、国家发展改革委、环境保护部、国土资源部、教育部、人力资源社会保障部、国家民委、国家卫生计生委、住房城乡建设部按职责分工分别负责，下同）

第二节 分类推进特殊贫困地区发展

坚持民族和区域相统筹，因地制宜，分类施策。对居住在生存条件恶劣、生态环境脆弱、"一方水土养不起一方人"的民族地区的建档立卡贫困人口，积极实施易地扶贫搬迁，支持搬迁户新建安置住房，加快安置区配套设施建设，依托少数民族特色村镇、农业园区、工业园区及旅游景区提供更多就业机会，促进搬迁群众稳定脱贫。重点实施生态保护扶贫和水利扶贫，支持绿色农林畜产品生产，组织贫困群众参与国家重大生态保护修复工程和水利设施项目建设，设立生态公益岗位帮助有劳动能力的贫困人员脱贫，创造更多公益性就业岗位，提高贫困人口受益水平。对人口较少民族聚居的建档立卡贫困村，推进整村整族精准脱贫，分期分批推进贫困村退出、贫困人口脱贫。对特困民族地区的建档立卡贫困户、贫困村，实施提升贫困群众素质和激发内生动力扶贫。对守土戍边不宜搬迁的陆地边境抵边一线乡镇贫困村边民，采取特殊扶持政策，加大边民扶持力度，改善边民生产生活条件，实施就地就近脱贫，确保边民安心生产生活、安心守边固边。（国务院扶贫办、国家发展改革委、财政部、住房城乡建设部、国土资源部、农业部、环境保护部、水利部、国家林业局、国家民委）

专栏2　少数民族特困地区和特困群体综合扶贫工程

(1) 民族自治地方贫困县脱贫专项行动。推进国家各项惠民政策和民生项目向民族自治地方贫困县倾斜。大力培育特色产业，增强自我发展能力。加快通电通水通路通互联网，提升公共服务水平。开展职业技能培训，支持就业创业。（国家民委、国务院扶贫办、国家发展改革委、财政部、国土资源部、农业部、工业和信息化部、国家能源局、水利部、交通运输部、人力资源社会保障部）

(2) 边境地区戍边就地就近脱贫专项行动。大力改善基础设施条件和基本公共服务，扶持发展边境贸易和特色经济，提升沿边开发开放水平，加强边民脱贫致富能力，增强边民凝聚力、向心力和自豪感，促进民族团结和边防稳固。（国务院扶贫办、国家发展改革委、海关总署、商务部、国土资源部、农业部、外交部、国家民委）

(3) 特困和人口较少民族精准脱贫专项行动。推进人口较少民族整村整族精准脱贫，实施整村推进，分期分批整体脱贫。在特困民族地区，帮助少数民族群众学用普通话、普及科技知识、提高生产生活技能。（国家民委、国务院扶贫办、教育部、财政部、中国科协、国土资源部）

第三节　调动各方力量合力攻坚

积极整合各方资源。加大项目资金支持力度，实行差别化扶持政策，健全帮扶体制机制，增强自我发展能力，提升公共服务水平，支持少数民族和民族地区打赢脱贫攻坚战。充分发挥各方资金、人才、信息、技术等优势，实施特色产业扶贫、劳务输出扶贫、易地搬迁扶贫、交通扶贫、网络扶贫、生态保护脱贫、水利扶贫、教育扶贫、文化扶贫、旅游扶贫、科技扶贫、健康扶贫、社保兜底脱贫等脱贫攻坚重点工程,采取经济、文化、教育、科技创新、医疗卫生、技能培训等综合措施,着力提高贫困群众住房、医疗、卫生、教育、社保等方面保障水平,让贫困群众获得更加持续稳定的脱贫增收能力,最大限度消除返贫现象。(国家民委、国家发展改革委、财政部、国务院扶贫办、国土资源部、农业部、工业和信息化部、人力资源社会保障部、民政部、交通运输部、中央网信办、环境保护部、水利部、教育部、文化部、国家林业局、国家旅游局、科技部、国家卫生计生委、住房城乡建设部、中国科协)

　　加大国家扶持力度。支持贫困民族地区发展优势产业和特色经济,重点支持少数民族贫困村、贫困户发展种养业和少数民族传统手工业,实施贫困村"一村一品"产业推进行动和"互联网+"产业扶贫,实施电商扶贫、光伏扶贫、乡村旅游扶贫等工程,拓宽群众增收致富门路。加快推进民族地区重大基础设施项目和民生工程建设,进一步完善基础设施及配套建设,解决民生领域突出困难和问题。实施农村危房改造,统筹开展农房抗震改造,优先解决民族地区建档立卡贫困户、低保户、农村分散供养特困人员、贫困残疾人家庭等贫困户基本住房安全问题。充分发挥贫困村第一书记、驻村工作队深度参与脱贫致富方面的作用。加大对贫困民族地区的东西部扶贫协作、定点扶贫、劳务协作对接扶贫、"百县万村"扶贫、"万企帮万村"扶贫等支持力度,鼓励社会团体、民营企业、个人参与支持贫困民族地区脱贫攻坚,实施扶贫志愿者行动计划和社会工作专业人才服务贫困民族地区计划。(国务院扶贫办、财政部、国土资源部、农业部、国家林业局、工业和信息化部、商务部、国家能源局、国家旅游局、交通运输部、水利部、教育部、中央宣传部、文化部、国家卫生计生委、国务院国资委、人力资源社会保障部、中央组织部、住房城乡建设部、民政部、国家发展改革委、中央统战部、全国工商联、国家民委)

第四章 促进经济跨越发展

第一节 加强基础设施建设

加快重点基础设施建设。加强民族地区现代化综合交通运输体系建设，重点支持骨干铁路、干线公路、支线机场、水运航道和城市地下综合管廊建设，完善乡村交通基础设施网络，建立外通内联区域交通骨干通道，提升运输服务水平。结合国家高速公路、国省道、农村公路规划建设，加强主要旅游景区、景点连接，提高旅游道路等级和养护水平。科学论证、稳步推进重大水利设施建设，统筹加强中小型水利建设，实施"五小水利"工程，强化主要江河治理、中小河流治理、防洪抗旱减灾和保水储水保障能力。加强信息基础设施建设，推进宽带网络发展，全面推进三网融合，支持有条件的民族地区布局云计算数据中心，鼓励开展云计算、大数据、智能制造等试点示范工作，加快云计算数据通道建设。按照"一带一路"建设要求，完善对外开放信息通道布局。加强民族地区地面广播电视传输覆盖网络建设，推动广播电视村村通向户户通升级。加强能源保障体系建设，继续实施国家农村电网改造升级工程，支持骨干电网、城乡中低压配电网、高压输变电工程建设及清洁能源综合利用、可再生能源开发。支持油气管道建设。推进"一带一路"能源合作基地建设。（国家发展改革委、国家铁路局、中国铁路总公司、交通运输部、中国民航局、住房城乡建设部、国家旅游局、水利部、中央网信办、工业和信息化部、新闻出版广电总局、国家能源局、商务部）

加强群众生产生活设施建设。加快推进民族地区农田水利、农网改造和微电网、乡村道路、城乡供水、通信网络、商贸网点、物流配送、快递服务等设施建设。积极推进基层医疗卫生机构、公共文化服务、垃圾污水处理、邮政、公共厕所等公益性民生基础设施建设。改善群众出行条件，推进农村客运和城市公交发展。（国家发展改革委、农业部、水利部、国家能源局、交通运输部、住房城乡建设部、工业和信息化部、商务部、国家邮政局、国家卫生计生委、新闻出版广电总局、环境保护部）

专栏3 重大基础设施建设

（1）民族地区综合交通基础设施建设。抓好成都—贵阳、昆明—南宁、西安—银川、呼和浩特—张家口—北京、赤峰通辽分别至京沈高铁连接线等高速铁路，阿勒泰—富蕴—准东、玉溪—磨憨、拉萨—林芝铁路以及青藏铁路格尔木—拉萨段扩能等在建重大项目建设，积极推进重庆—昆明、贵阳—南宁、西宁—成都（黄胜关）、包头—银川、克拉玛依—塔城铁路铁厂沟—塔城段、临沧—清水河、银川—巴彦浩特等规划项目前期工作。继续推进西江航运干线扩能，建成贵港二线船闸和梧州至肇庆一级航道，启动西津二线船闸建设。新建霍林郭勒、扎兰屯、东乌旗、玉林、石嘴山、莎车、若羌、甘孜、果洛、祁连、威宁等机场及一批通用机场，迁建呼和浩特、梧州等机场，改扩建拉萨、乌鲁木齐、银川、桂林、格尔木、黎平、荔波等机场。优先安排和重点支持G7大黄山—乌鲁木齐、巴里坤—木垒、G0711乌鲁木齐—库尔勒、G5511白音察干—安业、大板—查白音塔拉、G10海拉尔—满洲里、G4216仁寿—屏山新市、G8513绵阳—九寨沟等国家高速公路建设。（国家发展改革委、交通运输部、国家铁路局、中国铁路总公司、中国民航局）

（2）民族地区旅游交通设施建设。加强通景区、旅游扶贫重点村的道路及服务设施建设。加快公路标志标识系统建设。打造国家生态风景道，加强旅游风景道路沿线资源环境保护，营造景观空间，建设游憩、服务设施，完善安全救援体系，优化交通管理，实现道路从单一交通功能向交通、美学、游憩和保护等复合功能的转变。加强汽车房车营地与交通干线之间的联通公路建设。积极发展高铁旅游，优化铁路站点及运营时间安排，开辟更多旅游专列。配合河道疏浚等水利工程，统筹考虑旅游需求，开通水上旅游航线。支持通用机场合理布局，推动低空旅游健康发展。（国家发展改革委、国家旅游局、交通运输部、国家铁路局、中国铁路总公司、中国民航局）

续表

(3) 民族地区重点水利工程建设。加快青海引大济湟、西藏拉洛水库、青海蓄集峡水利枢纽、新疆阿尔塔什水利枢纽、内蒙古绰勒下游灌区、吉林松原灌区、新疆叶尔羌河治理等在建工程建设。加快推进云南滇中引水、西藏湘河、新疆玉龙喀什等重大水利工程前期工作,力争早日开工建设。积极推进大中型灌区续建配套与节水改造、小型农田水利、农村饮水安全巩固提升、中型水库、中小河流治理、山洪灾害防治和抗旱应急水源等工程建设。(水利部、国家发展改革委、财政部、国土资源部、环境保护部、住房城乡建设部、国家林业局)

(4) 民族地区信息化建设。加快信息基础设施建设,继续推进广播电视户户通,实施"宽带中国"战略,重点支持光纤网络、移动通信网络、宽带基础设施升级改造、综合通信网络和少数民族语言网站建设。(工业和信息化部、新闻出版广电总局、国家发展改革委、财政部、科技部、国家民委)

(5) 民族地区城乡基础设施建设。统筹考虑城乡结合部、城镇周边农村地区的需求,合理规划基础设施建设布局,加快水、气、污水和垃圾处理等市政公共设施服务向周边农村地区延伸覆盖,强化城乡基础设施的连接,推动市政公用设施城乡联网、共建共享、同质服务。(住房城乡建设部、国家发展改革委、水利部、国家能源局、环境保护部)

第二节 培育壮大特色优势产业

大力培植优势产业。大力发展民族地区现代农牧业,推进农牧业结构调整,转变农牧业发展方式,完善农牧业科技服务体系,加强新型职业农牧民培养,加快建设现代特色农牧业示范区,提高农牧业综合生产能力。有序推进能源矿产资源开发,加快推进国家重要战略资源基地建设,扶持发展能源矿产资源采选和制品加工业,合理培育区域特色能源矿产产业,形成一批特色鲜明、产业集聚的产业基地。围绕民族地区新型工业化产业示范基地和企业技术创新能力建设,推动传统优势产业提档升级,推进重点企业技术改造和创新提升，实施区域品牌发展战略，深入开展全国知名品牌创建示范区建设。积极发展新能源、新材料、高端装备制造、生物、新一代信息技术、节能环保等战略性新兴产业。支持民族地区国家高新技术产业、火炬特色产业基地建设。大力发展民族地区现代服务业，支持建设现代物流、专业市场、科技服务、金融服务、电子商务、商务会展、教育培训、健康服务、创意产业等现代服务业集聚区。积极引导产业优化布局。大力培育县域优势产业。推动军民融合产业发展。（农业部、国家发展改革委、科技部、国家能源局、工业和信息化部、国家中医药局、人民银行、民政部、教育部、国家卫生计生委、商务部、国土资源部、质检总局）

加快发展民族特色产业。充分发挥民族地区自然人文资源比较优势，大力发展特色农牧业及其加工业，支持特色农产品深加工基地建设，创建出口食品农产品质量安全示范区，提升特色食品农产品市场竞争力。大力发展特色林业产业，支持木本油料、特色林果、林下经济、种苗花卉、森林康养基地建设，促进当地群众就近增收。大力发展民族特色旅游业，开发民族特色浓郁的重点旅游景区和线路，打造一批民族特色旅游品牌，促进民族特色旅游与城镇、文化、产业、生态、乡村建设等融合发展。大力支持民族医药及关联产业发展。大力发展少数民族传统手工艺品产业，扶持少数民族手工业龙头企业，支持建立少数民族传统手工艺品生产、技艺传习基地。（农业部、国家发展改革委、国家能源局、国土资源部、国家旅游局、国家林业局、工业和信息化部、国家中医药局、食品药品监管总局、质检总局、文化部、国家民委）

扶持民族贸易和民族特需商品生产。继续执行扶持民族贸易和民族特需商品生产的税收、金融、财政等优惠政策，支持全国民族贸易和民族特需商品定点生产企业发展。支持民族地区市场体系建设，加强对肉菜和中药材流通追溯体系建设的指导和事中事后监管，继续做好边销茶、清真牛羊肉储备管理和市场调控工作。（国家民委、人民银行、财政部、税务总局、国家发展改革委、国家卫

生计生委、商务部、农业部、食品药品监管总局）

专栏4　民族特色优势产业振兴

（1）民族地区矿物功能材料示范基地建设。以节能环保、土壤治理、生态修复、现代农业等需求为牵引，加大优势非金属矿资源科学开发支持力度，打造一批特色非金属矿产业园区。发展先进适用技术和装备，提高非金属矿资源开采、选矿回收率和综合利用率，打造一批尾矿近零排放的非金属矿深加工示范区。围绕石墨、膨润土、高岭土、硅藻土、云母等优势矿种，大力推广新技术新产品，培育20个矿物功能材料产业示范基地。（工业和信息化部、国土资源部、环境保护部、农业部、科技部）

（2）民族地区食品农产品出口示范基地建设。推进食品农产品出口示范基地建设，改善食品农产品出口经营环境，提高出口食品农产品质量安全水平，培育食品农产品出口龙头企业，提升食品农产品国际竞争力。（质检总局、海关总署、农业部、工业和信息化部、商务部、食品药品监管总局、国家民委）

（3）民贸民品企业"千家培育百家壮大"工程。重点培育1000家民族贸易和民族特需商品定点生产企业，重点扶持100家民族特需商品定点生产企业、100家民族贸易县内民族贸易企业，培育壮大行业龙头和骨干企业。（国家民委）

（4）少数民族传统手工艺品保护与发展。重点打造一批少数民族传统手工艺品保护与发展基地，扶持一批少数民族传统手工艺品企业，支持一批少数民族传统手工艺品项目，提升一批少数民族传统手工艺品民族特色品牌，建设一批职业院校民族文化传承创新示范专业点，培养一批少数民族传统手工艺传承人。（工业和信息化部、国家民委、教育部、文化部）

（5）民族医药产业发展。充分发挥民族医药资源优势，提升民族医药及相关产品研发、制造能力，打造民族医药品牌，培育壮大民族医药产业，推进民族医医疗与养老保健、健康旅游、服务贸易融合发展。（工业和信息化部、国家卫生计生委、国家中医药局、国家民委、国家发展改革委、财政部、科技部、商务部、食品药品监管总局、国家旅游局）

续表

(6) 清真食品产业发展。充分发挥清真食品资源优势,加快传统清真食品产业改造提升,培育清真食品知名品牌,支持现代化的清真食品生产、加工、出口基地和产业园区建设,健全清真食品研发、生产、交易支撑体系。(国家发展改革委、工业和信息化部、农业部、国家民委、财政部、商务部、食品药品监管总局、质检总局)

第三节　推进新型城镇化

推进以人为核心的新型城镇化。充分考虑大部分民族地区地广人稀、地处边疆的特点,坚持因地制宜、固土守边的原则,研究制定推进新型城镇化的特殊政策措施。统筹大中城市、小城镇发展,建立健全城市群发展协调机制。加强城镇规划建设管理,推进公用设施建设,提升服务功能。加快中心城市建设,增强辐射带动能力,运用政府和社会资本合作等方式,有效缓解市政建设资金压力。支持中小城市、重点镇、特色镇发展,重点建设一批边贸重镇、产业大镇、工业强镇和旅游名镇。优化城市空间结构和管理格局,加快推进绿色城市、智慧城市、人文城市、海绵城市建设。加快城镇产业集聚和人口集中,吸引各类企业向县城和中心镇汇聚,增强城镇可持续发展能力。全面深化户籍制度改革,建立健全农业转移人口市民化机制,加快推进农业转移人口市民化。加大城市棚户区改造力度。充分尊重农牧民意愿,完善收益形成与返还机制,促进农牧民就近就地城镇化。围绕国家新型城镇化综合试点,培育发展一批山地城镇、生态城镇、旅游城镇等特色城镇,积极探索边境地区、集中连片特困地区、人口较少民族地区新型城镇化的有效路径。(国家发展改革委、住房城乡建设部、财政部、国家开发银行、中国农业发展银行、工业和信息化部、公安部、国土资源部、民政部、人力资源社会保障部、水利部、农业部、环境保护部、文化部、国家文物局、国家旅游局)

推进以民族文化为载体的新型城镇化建设。根据不同民族地区的自然历史文化禀赋、区域差异性和不同民族的文化形态多样性，发展有历史记忆、文化脉络、地域风貌、民族特点的美丽城镇，形成建筑风格、产业优势、文化标识独特的少数民族特色小镇保护与发展模式。在旧城改造中，重视保护历史文化遗产、民族文化风格和传统建筑风貌，促进功能提升与民族文化保护相结合。在新城新区建设中，注重融入传统民族文化元素，与原有城市自然人文特征相协调。加强历史文化名城名镇、历史文化街区、民族特色小镇的文化资源挖掘和整体文化生态保护，打造魅力特色旅游文化街区，推进民族特色突出、历史底蕴厚重、时代特色鲜明的新型民族特色城镇化建设。（住房城乡建设部、国家发展改革委、文化部、国家文物局、环境保护部、国家旅游局、民政部、国家民委）

第四节 强化创新驱动发展

提升科技创新能力。发挥科技创新对民族地区发展的引领作用，加强科技基础条件建设，推动产业创新发展。结合推进创新驱动发展战略，实施一批科技创新项目，加强重点实验室、工程（技术）研究中心、高新技术产业园区和农业科技园区等科技创新基地平台建设。推进特色高水平大学和科研院所建设，鼓励企业开展基础性前沿性创新研究。强化企业技术创新主体地位，加快培育壮大创新型企业。鼓励企业提升技术中心创新能力，构建产业技术创新战略联盟。实施"互联网+"行动计划，发展物联网技术和应用，促进互联网与经济社会融合发展。（科技部、国家发展改革委、教育部、农业部、工业和信息化部、国务院国资委、商务部）

支持产业技术创新。完善民族地区技术创新公共服务平台，加快建立以企业为主体、市场为导向、产学研相结合的技术创新体系。支持开展农产品精深加工与储运、农业农村信息化、智能农机装备等领域先进技术研发与应用推广。加快矿产资源、民族医药等特色优势产业关键技术攻关与应用示范。实施科技创业者行动，培育创新型产业，发展创业孵化载体，构建一批众创空间，加强创业投资支持。加强疾病防控、防灾减灾、生态保护等领域科技创新。继续实施国家文化科技创新工程西部行动。（科技部、农业部、工业和信息化部、国家发展改革委、国土资源部、国家中医药局、人力资源社会保障部、国家卫生计生委、民政部、环境保护部、文化部）

积极开展科普服务。加强民族地区科技服务，推进"科技列车行"、"科技大篷车"等科技服务。深入开展科普活动，推进"科普大篷车"、"流动科技馆"等设施建设。加强双语科普资源开发，建设双语科普基地，培养双语科普人才。开展"科普文化进万家"活动，建设科普中国乡村 e 站和社区 e 站。（中国科协、科技部、教育部、文化部、国家民委）

第五章　优先保障和改善民生

第一节　提高教育发展水平

办好各级各类教育。全面贯彻党的教育方针，加强社会主义核心价值观教育。鼓励民族地区普惠性幼儿园发展，继续实施学前教育行动计划。合理布局学前教育机构，支持乡村两级公办幼儿园和普惠性民办幼儿园建设，进一步建立健全学前教育资助制度。推动义务教育均衡发展，支持义务教育学校标准化建设，全面改善义务教育薄弱学校基本办学条件，逐步提高义务教育阶段学校经费保障水平。加强寄宿制学校建设，因地制宜保留并办好必要的乡村小规模学校（含教学点）。提升中小学办学质量。加强对地方课程和学校课程的管理和指导。加快普及高中阶段教育，继续支持教育基础薄弱县普通高中建设。加快中等职业教育发展，优化中职学校布局，重点打造一批具有民族特色、区域特点的职业学校，加强符合民族特色优势产业和经济社会发展需要的应用型特色专业建设，建立健全分类分专业的中职学校生均经费标准，建立稳定投入机制，完善产教融合、校企合作机制，实现初高中未就业毕业生职业技术培训全覆盖。优化高等教育布局和结构，提升民族高等教育发展水平。以就业为导向，优化民族院校和民族地区高校学科专业结构，重点提高工、农、医、管理、旅游等学科比例，支持办好师范类专业，提升民族特色学科水平。办好民族院校，加大省部和行业共建力度。继续实施高等学校招生向民族地区倾斜政策，适度扩大高校少数民族预科班、民族班招生规模。办好特殊教育和继续教育。支持和规范民办教育发展。继续办好内地西藏班、新疆班。鼓励四省藏区举办省内藏区高中班。完善教育经费投入机制，加大学生资助力度，加快推进教育信息化，深入推进教育对口支援工作。（教育部、国家发展改革委、财政部、人力资源社会保障部、民政部、国家民委、中国残联、工业和信息化部、国务院国资委）

科学稳妥推行双语教育。依据法律、遵循规律、结合实际，坚定不移推行国家通用语言文字教育，提升少数民族学生掌握和使用国家通用语言文字的能力和水平。尊重和保障少数民族使用本民族语言文字接受教育的权利，不断提高少数民族语言文字教学水平。在国家通用语言文字教育基础薄弱地区，以民汉双语兼通为目标，建立健全从学前到中小学各阶段教育有效衔接、教学模式与学生学习能力相适应、师资队伍与教学资源满足需要的双语教学体系。国家对双语教师培养培训、教学研究、教材开发和出版给予支持，为接受双语教育的学生升学、考试提供政策支持。建立双语教育督导评估和质量监测机制。（教育部、国家发展改革委、财政部、国家民委、人力资源社会保障部、民政部）

建立完善教师队伍建设长效机制。在民族地区实施乡村教师支持计划。健全教师培养补充制度。制定教师队伍建设专项规划。推进师范院校专业调整和改革，支持民族地区师范院校重点培养双语教师和紧缺学科教师。落实教师配备政策，严格教师准入。农村义务教育学校教师特岗计划和边远贫困地区、边疆民族地区、革命老区人才支持计划教师专项计划向民族地区倾斜。完善教师培训机制,落实每五年一周期的全员教师培训,各类培训计划向民族地区农村教师倾斜。加强师德师风教育,全面提高教师思想政治素质、师德水平和能力素质。落实教师激励政策,切实落实提高农村中小学和内地民族班教师待遇政策措施,落实集中连片特困地区乡村教师生活补助政策。支持农村教师周转宿舍建设。建立健全校长、教师交流轮岗和城镇教师支援农村教育等制度。(教育部、国家发展改革委、财政部、工业和信息化部、人力资源社会保障部、民政部)

第二节 大力促进就业创业

坚持就业优先战略。实施更加积极的就业政策,大力推动民族地区以创业带动就业,建立跨区域跨省合作机制。健全覆盖民族地区城乡的公共就业创业服务体系,推进基层公共就业服务设施建设,建立面向大众的创业服务平台。大力发展吸纳就业能力强的服务业、劳动密集型产业和少数民族特色技能型产业,支持发展中小微企业,完善落实创业扶持政策。鼓励发展农牧民专业合作组织,促进农牧民就业和稳定持续增收。加强就业援助,加大对各类失业再就业人员、城镇下岗人员、农村转移劳动力的职业技能培训力度。加强残疾人职业技能、农村实用技术培训,帮助支持残疾人就业创业。加强高校少数民族毕业生就业工作,统筹实施高校毕业生就业促进计划和创业引领计划。鼓励少数民族返乡人员创业就业。支持少数民族妇女居家灵活就业。维护少数民族劳动者合法权益。(人力资源社会保障部、国家发展改革委、财政部、工业和信息化部、农业部、教育部、民政部、国家民委、全国总工会、共青团中央、全国妇联、中国残联)

第三节 健全社会保障体系

完善社会保障制度。稳步实施民族地区全民参保计划,基本实现法定人员全覆盖。健全医疗保险稳定可持续筹资和报销比例调整机制。整合城乡居民基本医疗保险制度,创新经办管理,全面实施城乡居民大病保险制度,加强与医疗救助等制度的衔接。健全重特大疾病医疗保障机制。(人力资源社会保障部、国家发展改革委、财政部、民政部、人民银行、保监会、国家卫生计生委)

健全基本社会服务体系。完善民族地区基本社会服务机制,在养老服务、社会救助、社会福利、优抚安置等方面为各族群众提供保障。加大对民族地区贫困群众自然灾害生活救助的投入力度,完善自然灾害应急救助体系。合理确定民族地区城乡最低生活保障标准。支持公益慈善事业健康发展。加强对留守儿童、特困人员、残疾人等特殊人群的社会服务。支持少数民族特色养老机构、农村特困救助供养服务机构、残疾人服务机构和殡葬服务设施建设。(民政部、财政部、国家发展改革委、人力资源社会保障部、国务院扶贫办、共青团中央、全国妇联、中国残联)

第四节　加强医疗卫生服务

健全公共卫生服务体系。完善民族地区重大疾病防控、健康教育、妇幼健康等公共卫生服务网络,进一步提高传染病、慢性病、地方病、职业病和出生缺陷、发育障碍等监测、预防和治疗能力。健全卫生和计划生育综合监督执法体系,完善食品药品安全标准及风险评估、监测预警、应急处置体系和饮用水卫生监测体系。推进卫生应急体系建设,强化突发急性传染病防控能力和紧急医学救援能力。落实农村部分计划生育家庭奖励扶助制度、计划生育家庭特别扶助制度和西部地区"少生快富"工程。(国家卫生计生委、食品药品监管总局、国家发展改革委、中国残联、财政部)

加强医疗服务体系建设。健全和稳定民族地区县、乡、村三级卫生计生服务网络。加强薄弱学科和重点临床专科建设,提升医疗服务能力和水平。根据医疗服务需求,新增医疗卫生资源重点向民族地区倾斜。加大医疗卫生人才综合培养力度,在贫困民族地区实施全科医生转岗和专科医师特设岗位计划,建立医疗卫生人才绿色通道。鼓励内地医学院校毕业生到民族地区服务,鼓励发达地区医务人员到民族地区开展医疗帮扶。支持有条件的民族地区发展远程医疗。支持民族地区流动医院建设。(国家卫生计生委、国家发展改革委、教育部、国务院扶贫办、人力资源社会保障部、财政部)

加快民族医药事业发展。健全民族医药管理机制,提升民族医医院基础设施、设备配置、人员配备标准化水平和服务能力,推进民族医药信息化建设。支持民族医特色专科建设。加强民族医药基础理论和临床应用研究,支持民族医药临床研究能力建设。加强民族药资源保护利用,重点打造一批药材种植资源保护区和药用野生动植物种养基地。加快民族药药材和制剂标准化建设,培育一批民族医药标准化实施推广示范单位。加大民族医医师、药剂师、护理人员及城乡基层民族医药专业技术人员培养和培训力度,稳步推进民族医医师、药剂师、护理人员执业资格考试工作。推进民族医药传承发展,加强民族医药学科和人才队伍建设,建设一批民族医药重点学科,培养一批民族医药学科带头人。(国家卫生计生委、国家中医药局、国家发展改革委、工业和信息化部、人力资源社会保障部、国家民委、财政部、农业部、商务部、质检总局、食品药品监管总局、国家标准委、教育部、科技部)

专栏5 民生保障改善行动

(1) 民族院校建设。支持中央民族大学、中南民族大学、西南民族大学、西北民族大学、北方民族大学、大连民族大学和15所地方本科民族院校建设与发展。支持学位点建设。建设一批重点实验室、工程技术中心和人文社会科学研究基地,支持建设国家级协同创新中心。支持培养一批教育教学骨干、学术骨干和学科带头人,建设一批高水平教学和科研团队。(国家民委、国家发展改革委、财政部、科技部、教育部)

(2) 民族医药服务体系建设。支持民族自治地方社区卫生服务中心和乡镇卫生院推广民族医药适宜技术,建成一批民族医药特色服务示范点。加强对民族医药独特技术和理论的整理与研究。(国家卫生计生委、国家中医药局、国家发展改革委、财政部、国家民委、教育部)

续表

(3) 民族地区综合防灾减灾体系建设。加强自然灾害综合预警能力建设，提升减灾防灾信息采集、分析评估、数据集成、智能处理和服务水平。完善救灾物资储备网络，科学布局救灾物资储备库，提高救灾物资储备库机械化、智能化和自动化水平。（民政部、国家发展改革委、财政部、科技部、工业和信息化部、国家卫生计生委、水利部、农业部、国土资源部）

第五节 推进文化繁荣发展

加快民族地区公共文化服务发展。加大公共文化设施建设力度，落实国家公共文化服务指导标准，推进基层综合性文化服务中心建设，完善公共文化设施网络。整合资源推进中国民族博物馆建设。加强少数民族文艺创作，办好全国少数民族文艺会演、全国少数民族文学创作"骏马奖"评奖、全国少数民族曲艺展演、全国少数民族美术作品展和中国少数民族戏剧会演。开展"中华民族一家亲"文化下基层活动，实施"春雨工程"，丰富少数民族群众精神文化生活。支持少数民族公益性文化事业发展。（文化部、国家文物局、国家发展改革委、国家民委）

繁荣发展少数民族新闻出版广播影视事业。加强少数民族语文报刊、少数民族语言广播电视等传统媒体和新媒体能力建设。推进少数民族文化产品上网工程，加强网上文化内容供给和监管。支持民汉双语优秀文化作品互译，鼓励创作少数民族题材电影、电视剧、戏剧、歌舞、动漫、出版物等文化精品，积极推荐少数民族作品纳入"丝绸之路影视桥"工程和"丝路书香"工程。加强少数民族语言文字出版能力和信息化建设，整合资源提升少数民族文字出版基地能力，提高优秀国家通用语言文字、外文出版物和少数民族文字出版物双向翻译出版数量和质量，提升少数民族语言文字出版物印刷复制能力。继续实施少数民族新闻出版"东风工程"和少数民族语言文字出版规划项目。支持实体书店发展和农村基层出版物发行网点建设。推进广播电视户户通、卫星数字农家书屋建设,建立针对民族地区双语教育的多媒体卫星数字服务平台。开展百种优秀少数民族文字出版物推荐活动。支持少数民族优秀传统文化微播平台建设。(新闻出版广电总局、文化部、国家发展改革委、中央宣传部、中央网信办、工业和信息化部、国家民委)

　　加强少数民族优秀传统文化保护传承。重点抢救和保护少数民族传统经典、民间文学、音乐、舞蹈、美术、技艺、医药等非物质文化遗产。实施重点文物保护工程,提升民族文物展示水平。加强少数民族非物质文化遗产集聚区整体性保护,支持民族地区设立文化生态保护实验区。积极开展少数民族非物质文化遗产生产性保护,命名一批国家级少数民族非物质文化遗产生产性保护示范基地。加大对少数民族非物质文化遗产濒危项目代表性传承人抢救性保护力度。支持少数民族文化申报世界文化遗产名录。继续实施中国语言资源保护工程,建设国家语言资源服务系统,加大少数民族濒危语言文字保护力度。保护发展少数民族传统体育,推广少数民族传统体育项目。加快培养少数民族传统体育人才,建立少数民族传统体育项目训练、示范基地。推动少数民族传统体育项目、体育赛事和全民健身融合发展,打造具有民族特色的全面健身品牌赛事活动。办好全国少数民族传统体育运动会。(文化部、国家文物局、国家发展改革委、中央宣传部、教育部、体育总局、国家民委)

　　加快民族文化产业发展。推动具有竞争潜力的少数民族文化资源进入国内国际市场,形成一定规模的民族特色文化产业。鼓励民族地区依托保护文化遗产发展旅游及相关产业,建设一批民族特色文化产业基地。支持举办民族特色节庆活动,打造特色民族文化活动品牌。推进特色文化产业发展工程、丝绸之路文化产业带、少数民族文化产业走廊等重大文化产业项目建设。(文化部、新闻出版广电总局、国家文物局、国家民委、工业和信息化部)

专栏6　民族文化繁荣发展行动

（1）少数民族非物质文化遗产保护传承。完善少数民族非物质文化遗产名录体系。建设一批少数民族国家级非物质文化遗产保护利用设施。开展少数民族国家级非物质文化遗产项目代表性传承人抢救性记录。（文化部、国家发展改革委、国家文物局）

（2）中国少数民族电影工程。推动少数民族题材电影创作，支持没有本民族题材电影的少数民族创作本民族题材电影，实现每个少数民族创作一部电影。（国家民委、新闻出版广电总局）

（3）少数民族语言文字服务能力建设。支持全国少数民族语文智能语音翻译系统研发，依托现有研究机构和高校等资源，设立一批少数民族语文翻译基地，支持民汉双语公共服务志愿者队伍建设。（国家民委、中央宣传部、教育部、共青团中央）

（4）少数民族文字数字出版工程。支持少数民族文字数字出版的基础信息化、资源加工标准、资源加工平台、资源管理平台、资源库及资源发布平台等项目建设。（新闻出版广电总局、文化部、工业和信息化部、国家发展改革委、国家民委）

（5）少数民族新闻出版"走出去"工程。深入实施经典中国国际出版工程，推进边疆地区新闻出版"走出去"扶持计划，支持口岸书店、国门书屋、华文书局等实体书店建设。支持民族地区新闻出版企业赴周边国家开办分支机构，参加周边国家书展。（新闻出版广电总局、外交部、商务部）

（6）少数民族出版物精品翻译工程。深入实施"丝路书香"工程，扶持外向型少数民族和民族地区优秀出版物面向周边国家和"一带一路"沿线国家翻译出版，每年资助翻译出版150种左右图书。支持"中国书架"工程建设，面向中亚、东南亚、南亚、中东欧、独联体以及西亚、北非地区等丝绸之路沿线国家，在精品翻译、教材推广、出版物数据库推广、重点图书展会等方面开展深入交流与合作，提升少数民族和民族地区出版产品在周边和丝绸之路沿线国家的市场份额和影响力。（新闻出版广电总局、财政部、文化部）

（7）少数民族传统文化信息资源库建设。全面系统整理收录保存少数民族传统文化信息资源，搭建共享平台，开发利用少数民族传统文化信息资源，推进少数民族语言资源保护工程。（国家民委、文化部、教育部）

> （8）少数民族传统体育基地建设。重点支持全国性少数民族传统体育基地建设，开展多种形式的少数民族传统体育活动，培养少数民族传统体育人才。（国家发展改革委、国家民委、体育总局、教育部）
>
> （9）少数民族古籍抢救保护工程。加大抢救保护濒临失传少数民族古籍力度，加强少数民族古籍翻译整理研究出版工作。继续编纂《中国少数民族古籍总目提要》，推进少数民族古籍数字化。（国家民委、文化部、国家文物局、工业和信息化部）

第六章 推进生态文明建设

第一节 筑牢国家生态安全屏障

加快重大生态工程建设。加强民族地区重点区域、流域生态建设和环境保护，构筑以草原、湿地和天然林为主体，生态系统良性循环、人与自然和谐相处的国家生态安全屏障。加快形成以青藏高原、黄土高原、云贵高原、东北森林带、北方防沙带及大江大河重要水系等为骨架，以其他重点生态功能区和生态保护红线为重要支撑，以禁止开发区域为重要组成的生态安全战略格局。建立实施重点生态功能区和生态保护红线产业准入负面清单。（国家发展改革委、财政部、国土资源部、环境保护部、住房城乡建设部、国家林业局、水利部、农业部）

第二节 推进资源节约循环高效利用

大力发展循环经济。加快建立民族地区循环型工业、农业、服务业体系。完善民族地区再生资源利用体系，组织开展循环经济示范行动，促进生产和生活系统的循环链接。节约集约利用民族地区水、土地、矿产等资源，加强全过程管理，实施资源消耗总量和强度"双控"行动，大幅降低资源消耗强度。继续健全民族地区用水总量和强度控制指标体系，推动水权交易制度建设。加快发展民族地区风能、太阳能、生物质能、水能和地热能,推进分布式能源发展。开展民族地区重点用能单位节能低碳行动,实施重点产业能效提升计划。(国家发展改革委、科技部、工业和信息化部、农业部、国土资源部、水利部、国家能源局、环境保护部)

第三节 加强生态环境保护

加大山水林田湖生态系统保护力度。大力开展植树造林和森林经营,稳定和扩大民族地区退耕还林还草范围,加快重点防护林体系建设。严格落实禁牧休牧和草畜平衡制度,加快推进基本草原划定和保护工作。全面落实森林、湿地生态效益补偿和草原生态保护补助奖励政策,制定和完善配套扶持政策措施,建立健全生态保护补偿长效机制。加强水土保持,因地制宜推进小流域综合治理。全面落实最严格水资源管理制度,实施地下水保护和超采漏斗区综合治理,有效遏制地下水超采问题。强化农田生态保护,实施耕地质量保护与提升行动,加大退化、污染、损毁农田改良和修复力度。加强重点地区水土流失、土地沙化综合治理,继续实施退牧还草、石漠化治理、防沙治沙、湿地保护与恢复、天然林资源保护等工程。构建生态廊道和生物多样性保护网络,实施生物多样性保护战略行动计划,全面提升森林、河湖、湿地、草原、海洋等自然生态系统稳定性和生态服务功能。开展民族地区生物多样性保护与减贫试点,加强传统知识保护。加强民族地区各级各类自然保护区规范化建设与管理,支持新建一批自然保护区,对重要生态系统、濒危野生动植物和珍稀物种资源实施强制性抢救保护,防控外来物种入侵。(国家林业局、农业部、水利部、环境保护部、国家发展改革委、财政部、科技部、国土资源部、质检总局)

第四节 推进环境污染治理

推进污染物综合防治和环境治理。在民族地区实行严格的环境保护制度,形成政府、企业、公众共治的环境治理体系。继续落实大气污染防治行动计划，切实改善大气环境质量。实施水污染防治行动计划，严格饮用水水源地保护，全面推进涵养区、源头区等水源地环境整治，加强重点流域、区域、近岸海域水污染防治和湖泊生态环境保护，推进地下水污染防治。实施土壤污染防治行动计划，实施农用地分类管理和建设用地准入管理，加强农业面源污染防治，保障农业生产环境安全和人居环境安全。开展矿山地质环境恢复和综合治理。坚持城乡环境治理并重，统筹城乡供水、改水改厕和垃圾污水处理，推进种养业废弃物资源化利用和无害化处理。严格执行节能减排目标责任评价考核，建立生态保护奖惩机制。（环境保护部、水利部、工业和信息化部、农业部、国家林业局、国土资源部、住房城乡建设部、财政部、国家发展改革委）

第七章　推进全方位开放合作

第一节　助力"一带一路"建设

充分发挥对外开放前沿作用。推动民族地区参与"一带一路"建设，深度融入丝绸之路经济带、21世纪海上丝绸之路等开放合作，积极推进陆上国际经济走廊建设，构建开放型经济新体制，拓展开放型经济新空间。依托上海合作组织、中国—东盟自由贸易区、澜沧江—湄公河合作机制、东北亚和中韩自贸区等区域经济合作平台，促进民族地区与周边国家和地区的经济技术交流与合作。推动民族地区加快对外贸易体制机制创新，主动对接亚洲基础设施投资银行，加快互联互通基础设施建设。支持民族地区与"一带一路"沿线国家合作，联合打造具有丝路特色的国际精品旅游线路和旅游产品。推进新丝绸之路创新品牌行动。加强茶马古道文化遗产研究和保护。（国家发展改革委、外交部、商务部、人民银行、财政部、交通运输部、国家铁路局、中国民航局、国家邮政局、国家能源局、中国铁路总公司、工业和信息化部、海关总署、国家旅游局、科技部、国家民委、文化部、国家文物局）

第二节　大力推进兴边富民行动

促进边境地区又好又快发展。全面改善边民生产生活条件，大力推进边境地区社会保障体系建设，促进边民就业创业，优先发展边境地区教育卫生文化科技事业，全面提升边境地区公共服务能力。加强边境地区综合交通运输体系建设，推进水利、能源、信息基础设施建设，加快边境地区重点城镇建设。大力发展边境地区特色优势产业，推进特色优势农业、特色加工制造业、特色服务业发展，推动边境地区产业园区发展。继续深入推进沿边地区开发开放，着力提升边境地区开发开放水平。加强边境地区生态环境保护，推进边境地区环境污染治理，筑牢国家生态安全屏障。加强边境地区基层治理能力建设，党政军警民合力强边固防。（国家民委、民政部、人力资源社会保障部、教育部、国家卫生计生委、文化部、科技部、交通运输部、水利部、国家能源局、工业和信息化部、住房城乡建设部、国家发展改革委、农业部、外交部、商务部、国土资源部、环境保护部、国家林业局、中央组织部、公安部）

第三节　扩大沿边对外开放合作

实行更加积极主动的开放战略。加快沿边开发开放，全面提升民族地区开放型经济水平。依托独特地缘优势，推动民族地区积极参与国际区域开发和经济合作。加强民族地区国家口岸和通道建设，加快同周边国家和区域基础设施互联互通建设，推进通关便利化，把民族地区建设成为富有发展活力、后发优势得到充分发挥的地区。加快边境经济合作区和跨境经济合作区建设，稳步发展中哈霍尔果斯国际边境合作中心、中老磨憨-磨丁经济合作区等跨境经济合作区。加快广西东兴，云南勐腊（磨憨）、瑞丽，内蒙古二连浩特、满洲里等重点开发开放试验区建设，支持新疆喀什、霍尔果斯等经济开发区建设。协调并推动联合国有关发展机构在民族地区开展相关工作。继续鼓励民族地区符合条件的企业积极参与实施援外项目。实施中国-东盟科技伙伴计划，合作建设科技研发和转移机构、科技示范园区、联合实验室，打造国际合作基地。（国家发展改革委、商务部、外交部、交通运输部、国家铁路局、中国民航局、国家邮政局、国家能源局、中国铁路总公司、工业和信息化部、公安部、海关总署、国务院国资委、科技部、质检总局）

第四节　加强内陆对外开放合作

全面推进内陆对外开放。依托民族地区中心城市和城市群，加强对外经贸合作，培育形成一批国际加工贸易基地、服务外包基地和保税物流基地。加快海关特殊监管区域整合优化，支持符合条件的民族地区新设综合保税区和保税监管场所。继续支持办好丝绸之路国际博览会暨中国东西部合作与投资贸易洽谈会、中国西部国际博览会、中国—东盟博览会、中国—亚欧博览会、中国-阿拉伯国家博览会、中国—南亚博览会、中蒙博览会、中国西藏旅游文化国际博览会，搭建对内对外开放和区域合作重要平台。提升宁夏等内陆开放型经济试验区发展水平，打造内陆开放型经济战略高地。加快对外开放重要通道建设。（国家发展改革委、商务部、外交部、工业和信息化部、科技部、海关总署、税务总局、质检总局）

第五节　加强民族工作对外交流合作

推动民族工作部门参与对外交流合作。加强民族工作部门在中小企业发展、少数民族商品贸易、少数民族手工艺品生产等领域对外交流。扩大少数民族文化对外交流，实施对外文化精品战略，打造"多彩中华"等品牌项目，建设民族工作领域对外传播平台。拓宽对外宣传渠道，加大民族工作对外宣传力度，努力把民族地区打造成为展现中华民族团结和多彩民族文化的重要窗口。积极开展涉及民族领域的国际人权交流。加强与相邻国家民族文化、民族事务管理部门交流合作。扩大民族院校和民族地区高校教育对外交流，提高办学国际化水平。加强民族理论政策研究国际合作。促进与港澳台地区交流与合作，鼓励开展多领域交流，建立稳定的交流合作机制。继续办好海峡两岸少数民族发展研讨会和民族乡镇发展交流会。加强与旅居国外少数民族侨胞的联谊交往、经贸合作、文化交流等工作。（国家民委、外交部、文化部、中央宣传部、教育部、国务院港澳办、国务院台办、国务院侨办）

第八章　促进人口较少民族加快发展

第一节　同步迈入全面小康

重点扶持人口较少民族聚居行政村及所辖人口相对集中的自然村落，基本公共服务体系建设延伸至人口较少民族的民族乡、自治县、自治州，让更多的少数民族群众共同分享现代化成果。集中帮扶发展相对滞后的人口较少民族整体率先脱贫，推进发展水平较高的人口较少民族整体率先奔小康，分批分步实现全面小康。到2020年，人口较少民族聚居行政村在实现"一达到、二退出、三保障"的基础上，基本实现"四通八达"，实现人口较少民族地区发展更加协调、生活更加富裕、环境更加美好、社会更加和谐，与全国各族人民一道迈入全面小康社会。（国家民委、国家发展改革委、财政部、国务院扶贫办、教育部、国家卫生计生委、住房城乡建设部、交通运输部、工业和信息化部、商务部、文化部）

专栏7　人口较少民族分布地区

总人口在30万人以下的人口较少民族全国共有28个，人口合计189万人，主要分布在内蒙古、辽宁、吉林、黑龙江、福建、江西、广西、贵州、云南、西藏、甘肃、青海、新疆等13个省（区）和新疆生产建设兵团的2390个人口较少民族聚居行政村（人口较少民族人口比例不低于20%），所辖人口相对集中的自然村落约1万个。

专栏8　人口较少民族聚居行政村实现目标

（1）一达到：农村居民人均可支配收入增长幅度达到或高于当地平均水平。
（2）二退出：建档立卡贫困村、贫困人口脱贫退出。
（3）三保障：义务教育、基本医疗和基本住房安全有保障。
（4）四通：通硬化路、通客运班车、通宽带、通电商。
（5）八达：集中式供水、清洁能源、卫生厕所、垃圾污水集中处理、综合性公共文化设施和场所、村务便民服务站、便民连锁超市、稳定增收产业（或创业致富带头人）达到有关建设要求。

第二节　提升发展基础条件

基础设施升级完善。重点加强乡村道路、农田水利、基本公共服务设施、生态环境保护和人居环境整治、民族文化传承等领域项目建设。加快推进人口较少民族具备条件的自治县（区）通二级以上标准公路、具备条件的建制村通硬化路，推动一定人口规模的自然村通公路、村内道路硬化和建制村通客运班车。加快推进"快递下乡"工程，加强农村快递揽收配送网点建设，利用村委会、供销超市、村邮站等公共服务平台开展农村快递服务。开展人口较少民族聚居乡村人居环境整治，加大村庄生活垃圾和污水处理、改厕以及绿化美化力度，推动城镇供水服务向农村延伸，大幅提高清洁能源、集中式供水普及率和污水集中处理率。（国家发展改革委、交通运输部、国务院扶贫办、住房城乡建设部、水利部、环境保护部、文化部、国家邮政局、国家能源局、国家民委）

提高公共服务水平。继续安排人口较少民族农村义务教育阶段寄宿生生活费补助。少数民族预科班、高校民族班对人口较少民族适当倾斜。开展国家通用语言文字教育和扫盲，全面推广和普及国家通用语言文字。开发人口较少民族优秀传统文化特色课程，纳入当地中小学教育教学活动。推进人口较少民族县乡村医疗卫生机构标准化建设，积极促进远程医疗诊治和保健咨询服务向人口较少民族地区延伸。加快建设标准化的人口较少民族地区县级中心敬老院

和区域性养老服务中心或综合社会福利中心。（教育部、国家卫生计生委、国家发展改革委、民政部、国家民委、财政部）

第三节　增强发展内生动力

扶持特色乡村和县域经济发展。着力打造支撑地方经济发展的特色优势主导产业，大力发展家庭农庄（牧场）、农民专业合作社、农村专业技术协会，培育创业致富带头人，壮大乡村集体经济。支持发展产业化示范基地、龙头企业，增强县域经济发展实力。支持人口较少民族返乡农民工创业园等产业园区建设，吸纳农村劳动力就地就近转移就业，引导自主创业。加快农村电子商务发展。（农业部、人力资源社会保障部、财政部、国家发展改革委、国务院扶贫办、国土资源部、中国科协、工业和信息化部、国家民委）

促进民族特色旅游繁荣发展。在人口较少民族地区开展美丽乡村旅游富民工程，打造集自然风光、人文景观于一体的原生态民族风情旅游目的地。扶持建设具有历史、地域、民族特点的特色景观旅游村镇，设计开发民族文化体验项目，促进文化生态旅游业发展。（国家旅游局、住房城乡建设部、文化部、商务部、国家民委）

第四节　传承弘扬民族文化

提升公共文化服务能力。完善州、县两级博物馆、图书馆、文化馆、科技馆、足球场、体育场等公共服务设施，继续推进人口较少民族标志性文化设施建设，包括民族博物馆、生态博物馆、民俗馆、民俗文化传习所、民族文化广场等。鼓励社会力量兴办各类民族博物馆，在公共博物馆内可结合当地实际适当设立人口较少民族文物展览室、陈列室或文化展厅。加快文化资源数字化建设，推动建设人口较少民族网上博物馆、数字展厅。（文化部、国家文物局、科技部、体育总局、中国科协、国家发展改革委、财政部、国家民委）

保护传承民族文化遗产。加大对人口较少民族文化遗产的保护力度，加快征集珍贵民族文物，对濒危文化遗产进行抢救性保护，加强濒危文化资源数字化建设，精心实施国家级非物质文化遗产项目代表性传承人抢救性记录工程。加大对入选国家级和省级非物质文化遗产名录的人口较少民族文化遗产保护力度，开展非物质文化遗产传承人群研修研习培训，扩大参与面，提升总体素质。结合实施少数民族特色村镇保护与发展，对人口较少民族的生态资源、语言文化进行文化生态整体性动态保护，建立文化生态乡村。充分利用人口较少民族的民间故事、神话传说、民族史诗、音乐舞蹈等文化资源，鼓励创作人口较少民族文化题材广播影视节目。（文化部、国家文物局、新闻出版广电总局、国家民委）

专栏9　重点保护和发展人口较少民族国家级非物质文化遗产与代表性项目

（1）高山族：拉手舞
（2）景颇族：目瑙斋瓦、目瑙纵歌
（3）柯尔克孜族：玛纳斯、约隆、库姆孜艺术、刺绣、驯鹰习俗、服饰
（4）土族：拉仁布与吉门索、祁家延西、丹麻土族花儿会、於菟、安昭、轮子秋、盘绣、纳顿节、热贡六月会、婚礼、服饰
（5）达斡尔族：民歌、鲁日格勒舞、乌钦、传统曲棍球竞技、祭敖包（达斡尔族沃其贝）、婚俗、服饰
（6）仫佬族：依饭节
（7）布朗族：弹唱、蜂桶鼓舞
（8）撒拉族：骆驼泉传说、民歌、篱笆楼营造技艺、婚礼、服饰
（9）毛南族：打猴鼓舞、花竹帽编织技艺、肥套
（10）锡伯族：民间故事、民歌、贝伦舞、刺绣、满文锡伯文书法、弓箭制作技艺、西迁节、传统婚俗
（11）阿昌族：遮帕麻和遮咪麻、户撒刀锻制技艺
（12）普米族：搓蹉

续表

（13）塔吉克族：民歌、鹰舞、马球、引水节和播种节、诺茹孜节、婚俗、服饰
（14）怒族：达比亚舞、仙女节
（15）乌孜别克族：埃希来、叶来、诺茹孜节
（16）俄罗斯族：民居营造技艺、巴斯克节
（17）鄂温克族：叙事民歌、萨满舞、抢枢、桦树皮制作技艺、驯鹿习俗、瑟宾节、服饰
（18）德昂族：达古达楞格莱标、浇花节
（19）保安族：腰刀锻制技艺
（20）裕固族：民歌、服饰、婚俗
（21）京族：独弦琴艺术、哈节
（22）塔塔尔族：撒班节、诺茹孜节
（23）独龙族：卡雀哇节
（24）鄂伦春族：民歌（赞达仁）、摩苏昆、桦树皮制作技艺、桦树皮船制作技艺、狍皮制作技艺、古伦木沓节
（25）赫哲族：伊玛堪、鱼皮制作技艺、婚俗
（26）门巴族：拨羌姆、山南门巴戏
（27）珞巴族：始祖传说、服饰
（28）基诺族：基诺大鼓舞

第五节　加强人力资源开发

加大干部培养培训力度。拓宽人口较少民族人才选入机关事业单位的入口，注重人口较少民族地区基层领导干部和人口较少民族领导干部培养和使用。加强人口较少民族干部培训交流和挂职锻炼。（中央组织部、中央统战部、国家公务员局、国家民委、人力资源社会保障部）

加强各类人才队伍建设。引导和鼓励人口较少民族农村未继续升学并准备进入非农产业就业或进城务工的应届初高中毕业生接受职业培训,加强农村实用人才队伍建设,培育新型职业农民和农村实用人才带头人。加强对农牧民种养殖技术、传统手工艺、当家理财人、文化传承人、妇幼保健等培训,提高妇女参训比例,提升劳动者整体素质。加大对技能人才的技能提升培训力度,提高创新能力。加强专业技术人才培养和继续教育工作。(人力资源社会保障部、农业部、教育部、国务院扶贫办、全国妇联、国家民委)

专栏10 人口较少民族率先小康行动

在人口较少民族地区选择一批民族团结、和谐发展、率先小康样板县(乡、村),建设一批绿色产业、风情旅游、文化生态等各具特色的不同类型示范县(乡、村),打造一批山更绿、水更清、民更富、心更齐的美丽宜居示范点。(国家民委、国家发展改革委、农业部、国家旅游局)

第九章 加快少数民族特色村镇保护发展

第一节 保护改造民族特色民居

加强少数民族特色民居保护。制定少数民族特色村镇民居保护与发展技术导则,保护营造技法、建造技艺和传统建筑风格,保持与自然生态相协调、与民族文化相适应的村镇风貌,形成有民族特色的传统建筑群落。加强对具有历史文化价值古建筑的保护,筑牢安全屏障,修缮村镇内古建筑和特色民居。推进少数民族特色民居改造,旧民居改造注重保持民族传统建筑风格,新民居建设注重体现民族特色,改建特色民居内部空间格局和设施,适应现代生活需要,满足节能保温和抗震安居等要求。(国家民委、住房城乡建设部、国家发展改革委、文化部、国家文物局)

专栏 11　少数民族特色民居保护与发展主要类型

　　少数民族特色民居是指具有当地民族特色、与周边自然环境相协调的民居建筑，包括传统民居和新建特色民居。按照分类保护的原则，结合各地实际，重点保护与发展以下三种类型：
　　（1）保存完好型。传统民居保存较好，村镇传统风貌完整。
　　（2）新老融合型。传统民居基本得到保存，新建民居民族特色鲜明，较好地实现了新老建筑融合。
　　（3）传承创新型。以新建建筑为主，民居民族特色鲜明，村镇建筑风貌与自然环境相协调，人居环境优美。

第二节　发展民族特色产业

　　加快特色产业发展。发挥少数民族特色村镇自然风光优美、民族风情浓郁、建筑风格独特的优势，促进特色产业发展与特色民居保护、民族文化传承、群众就业增收、生态环境保护、民族特色旅游融合发展。大力保护少数民族特色村镇特有农林牧品种资源，扩大农林牧业生产规模，发展特色农林牧产品深加工。加强特色村镇旅游基础设施建设，完善旅游服务功能，提高旅游接待能力和标准化服务水平，推动民族客栈地方标准建设，提升旅游发展品位。深入挖掘少数民族生产生活习俗等特色村镇文化资源，保护民族特色传统生产工艺，扶持具有民族特色、地域特点的传统小吃、手工艺品、旅游纪念品等产业发展。鼓励和支持有条件的村镇申报国家 A 级旅游景区和全国特色景观旅游名镇名村，打造一批在全国具有影响力的特色村镇旅游品牌。支持社会力量参与特色村镇开发、推介和宣传。（农业部、工业和信息化部、住房城乡建设部、国家林业局、国家旅游局、质检总局、文化部、国家文物局、国家民委、国家发展改革委、民政部、新闻出版广电总局）

第三节 改善特色村镇人居环境

加强人居环境综合整治。加快少数民族特色村镇道路建设，重点解决特色村镇与干线道路的公路连接和村内便道硬化。加强特色村镇饮水安全巩固提升工程建设，全面推进集中式供水。加强特色村镇农网改造，保障生产生活用电。推进特色村镇广播电视户户通工程，提高广播电视和宽带网络覆盖率。统筹改善特色村镇群众生产生活条件，全面推进农村生活垃圾和污水处理，实施硬化绿化美化亮化基础设施建设工程，推动改厕改圈改厨，加强消防、防洪、防震、便民利民商贸网点等配套设施建设。鼓励推广使用太阳能等清洁能源。建立健全村镇设施管护、环境卫生保洁等管理长效机制。（国家发展改革委、国家民委、水利部、国家能源局、新闻出版广电总局、国家林业局、工业和信息化部、农业部、环境保护部、公安部、商务部、住房城乡建设部）

第四节 传承发展特色村镇民族传统文化

加强特色村镇民族文化保护传承。重点抓好民族文化的静态保护与活态传承。推进民间文化艺术之乡建设，鼓励引导群众将民族语言、文化艺术、生产技艺、节庆活动和婚丧习俗融入日常生活，传承民族记忆。重视培养村镇乡土文化能人、民族民间文化传承人、少数民族非物质文化遗产项目代表性传承人，支持成立具有当地特色的各类群众文化团队。突出民族文化特色，为群众提供公共文化活动空间。支持开展唱民族歌曲、跳民族舞蹈、演民族戏剧等文化活动，增强特色村镇的文化特色和吸引力。支持传统村落文化保护传承。命名挂牌一批少数民族特色村镇、传统村落示范典型。（住房城乡建设部、国家文物局、体育总局、国家民委、文化部、人力资源社会保障部、国家发展改革委）

营造民族团结友爱的良好氛围。以发展民族风情旅游、民族特色产业为抓手，充分利用少数民族传统节庆活动、文艺演出、体育竞技、文化宣传栏、村规民约等多种形式，大力宣传党的民族政策、民族知识和民族法律法规，结合当地特点开展多种形式的民族团结进步创建活动，促进不同地区不同民族的群众相互欣赏、相互借鉴、相互交流、和谐共处。（国家民委、文化部、体育总局、中央宣传部）

专栏12　少数民族特色村镇保护与发展

（1）少数民族特色村寨建设。遴选2000个基础条件较好、民族特色鲜明、发展成效突出、示范带动作用强的少数民族特色村寨，打造成为少数民族特色村寨建设典范。（国家民委）

（2）少数民族特色小镇试点。遴选200个基础条件良好、民族风情浓郁、发展潜力较大的少数民族特色小镇作为国家试点，打造成为全国少数民族特色小镇建设样板。（国家民委、住房城乡建设部、国家发展改革委、国家开发银行、中国农业发展银行）

（3）少数民族特色村镇廊带建设。选择环京津少数民族特色村镇示范带、内蒙古大兴安岭沿麓少数民族特色村镇示范带、辽宁环长白山满族特色村镇示范带、黑龙江三江沿岸赫哲族特色村镇示范带、浙江景宁环敕木山畲族特色村寨示范带、湖北清江土家族风情走廊、湖南湘西怀化土家族苗族侗族特色村寨示范带、桂西北少数民族特色村镇示范带、重庆渝东南土家族苗族特色村镇示范带、贵州黔西南布依族特色村镇示范带、云南边境民族风情走廊、川滇藏大香格里拉高原特色村镇示范带、西藏门巴族珞巴族特色村镇示范带、甘肃丝路少数民族特色村镇风情带、宁夏六盘山连片山区回族特色村镇示范带等地理单元和民族文化单元相对独立完整的特色村镇集中连片地区或廊带，加大投入力度，重点规划建设，整体进行保护，集中打造一批自然环境优美、民族特色鲜明的少数民族特色村镇示范廊带。（国家民委、国家发展改革委、住房城乡建设部、环境保护部）

第十章　深入开展民族团结进步创建活动

第一节　促进各民族交往交流交融

营造各族群众共居共学共事共乐的和谐环境。建设各民族共有精神家园，增强对中华文化认同，促进各民族相互了解、相互尊重、相互包容、相互欣赏、相互学习、相互帮助。推动建立相互嵌入式的社会结构和社区环境，完善政策导向，加强制度保障。深化对口支援和帮扶、定点扶贫、东西扶贫协作、区域合作和干部人才交流，完善有利于少数民族平等进入市场、就业就学、融入城市的政策，鼓励各族群众联合创业、扶贫济困、守望相助。促进各民族文化交融创新，广泛开展群众性互动交流，打造"中华民族一家亲"系列活动平台。建立健全与少数民族代表人士和知识分子沟通联系机制，充分发挥其在联系少数民族群众、维护民族团结和社会稳定等方面的特殊作用，共同推进民族团结进步事业。准确把握民族关系发展趋势和方向，依法妥善处理涉及民族因素的问题，综合运用法律、教育、协商、调解等方法化解，坚决纠正和杜绝违反党的民族政策、伤害民族感情的言行。增强各族干部群众识别大是大非、抵御国内外敌对势力思想渗透的能力，坚决依法打击破坏民族团结和制造民族分裂的违法犯罪行为。（民政部、国家发展改革委、财政部、住房城乡建设部、国务院扶贫办、工商总局、人力资源社会保障部、人民银行、中央宣传部、文化部、科技部、新闻出版广电总局、体育总局、中央统战部、公安部、国家民委）

第二节　推进民族团结进步创建示范区（单位）建设

深化新阶段民族团结进步创建工作。坚持"中华民族一家亲，同心共筑中国梦"总基调，以"建设小康同步、公共服务同质、法治保障同权、民族团结同心、社会和谐同创"为目标，加强各级各类民族团结进步示范区（单位）建设，重点打造一批全国民族团结进步创建示范区（单位），鼓励各地结合实际开展形式多样的民族团结进步创建活动。深入开展民族团结进步创建工作进机关、进企业、进乡镇、进社区、进学校、进宗教活动场所，拓展参与类型、参与范围。鼓励基层探索创新民族团结进步创建活动，积极推动协同创建，发挥好示范区（单位）的示范带动作用。（国家民委、中央统战部、国家发展改革委、财政部、国务院扶贫办、民政部、国务院国资委、教育部、国家宗教局）

第三节　加强民族团结进步宣传教育

培育中华民族共同体意识。深入开展爱国主义和民族团结教育，引导各族群众牢固树立"三个离不开"思想，不断增强"五个认同"，树立正确的国家观、民族观、宗教观、历史观、文化观。健全民族团结教育常态化机制，把民族团结教育纳入国民教育、干部教育、社会教育全过程，推进民族理论、民族政策、民族知识进教材、进课堂、进头脑。推进民族领域思想理论阵地、工作平台及学科建设，加强民族团结教师培训和教材资源建设，增强民族团结进步公共产品有效供给。创新民族团结进步宣传理念、方法和手段，扩大媒体和社会传播，拓展网上传播平台，实施"互联网+民族团结"行动。健全民族团结进步模范表彰工作机制，大力培育、树立和宣传各级各类先进典型。加强民族团结进步教育基地建设，大力开展群众性主题实践教育活动，举办民族团结进步创建活动成果展。加强民族教育领域意识形态安全建设。（国家民委、中央宣传部、中央统战部、教育部、文化部、新闻出版广电总局、中央网信办、人力资源社会保障部、全国总工会、共青团中央、全国妇联）

第四节　完善民族团结进步创建支撑体系

强化民族团结进步创建制度保障。建立健全党政组织领导和部门协同机制、考核测评和验收机制、评审表彰和退出机制，推进民族团结进步创建工作精准化、规范化、社会化、法制化、常态化。明确"国家支持、省负总责、市县落实、分级联创、分类推进"工作方针,强化民族团结进步创建工作责任考核,建立民族团结进步创建工作督查制度。建立健全促进民族团结进步创建的政策、法规和工作体系。加强民族团结进步创建经费保障。(国家民委、中央宣传部、中央统战部、财政部、国家发展改革委)

专栏13　民族团结进步创建

(1) 民族团结进步创建保障行动。制定实施全国民族团结进步创建行动计划,出台新阶段创建工作指导意见,完善示范区(单位)创建测评体系和考核办法,建立民族团结进步创建活动激励机制。(国家民委、中央宣传部、中央统战部)

(2) 民族团结进步教育基地建设。加快民族团结进步教育基地标准化、多样化、特色化建设,建立国家级、省级民族团结进步教育基地数据信息库,健全民族团结进步教育基地体系。(国家民委、中央宣传部、中央统战部)

(3) 民族团结进步典型培树表彰活动。大力培育和树立各级各类先进典型,组织开展民族团结进步模范集体和模范个人表彰活动,表彰奖励各民族联合创业、扶贫济困、守望相助等方面典型。(国家民委、中央宣传部、中央统战部、人力资源社会保障部)

第十一章　创新民族事务治理体系

第一节　提升民族工作法治化水平

完善民族工作法律法规体系。坚持和完善民族区域自治制度,深入贯彻落实民族区域自治法,进一步完善配套法规,推动制定贯彻实施民族区域自治法的部门规章或规范性文件,促进宪法关于民族方面的规定在相关法律法规中贯彻落实。研究修订《城市民族工作条例》、《民族乡行政工作条例》等有关行政法规,研究制定少数民族文化遗产保护利用、少数民族传统医药保护等方面法规规章，提高依法管理民族事务能力和民族工作法治化水平。加强城市和散居地区民族工作法规建设。加强对民族法律法规执行情况的监督检查，建立健全监督检查机制。（国家民委、国务院法制办、文化部、国家中医药局）

加强民族法治宣传教育。实施"七五"普法规划，大力加强宪法和民族区域自治法宣传教育。加强对少数民族流动人口等群体的普法教育，强化各级各类学校法治教育，引导各族群众自觉尊法学法守法用法。（国家民委、中央宣传部、司法部、公安部、教育部）

第二节　加强城市和散居地区民族工作

推进城市和散居地区民族工作制度化建设。引导建立相互嵌入式的社会结构和社区环境，建立以乡镇（街道）、社区、企事业单位、社会组织为依托的网格化管理模式，鼓励开展各民族结对帮扶、共度节庆等交流活动，推动城市民族工作规范化、社会化。充分尊重少数民族群众的风俗习惯和宗教信仰，依法保障和满足城市和散居地区少数民族群众饮食、节庆、婚嫁、丧葬等方面合法权益，严禁民族歧视。提升城市和散居地区清真食品保障能力，加强清真食品监管。支持城市和散居地区设立民族乡发展专项资金，加大对民族乡发展的帮扶力度。（国家民委、全国工商联、文化部、民政部、公安部、商务部、食品药品监管总局、质检总局、财政部、国家发展改革委、国家宗教局）

加强和改进少数民族流动人口服务管理工作。推进少数民族流动人口服务管理示范城市建设，完善城市少数民族流动人口服务管理协调合作、社会服务等机制，构建流出地和流入地信息互通、人员互动、共同负责的工作格局。加强少数民族流动人口信息统计，建立综合服务信息管理平台。完善工商管理、城市管理、社会服务等制度，建立健全有利于少数民族群众进入城市、融入城市的制度机制。保障各民族群众平等享有各项基本公共服务。（国家民委、民政部、司法部、公安部、国家统计局、人力资源社会保障部、教育部、工商总局、国家卫生计生委、全国总工会）

第三节　加强人才队伍建设

加强各级各类人才队伍建设。大力培养、大胆选拔、充分信任、放手使用少数民族干部，注重培养优秀中高级少数民族领导干部，培养长期在民族地区工作的汉族干部，保持干部队伍合理结构。加大民族地区少数民族干部与中央国家机关、东部地区干部双向交流力度。加强少数民族干部挂职锻炼和多岗位锻炼，选派一批骨干到中央国家机关、东部地区任职锻炼。加强培养少数民族专业技术人员、学科带头人，推出一批拔尖人才。支持民族地区实施院士后备人选培养、人才小高地建设，促进高端科技人才聚集发展。大力引进经济社会发展急需紧缺的专门人才，支持和吸引各类人才到民族地区发展、创业。继续开展民族地区专业技术人才特殊培养项目，培养涵盖农林水牧、科教文卫、环境保护等多行业、多领域的专业技术骨干人才。加大基层民族工作部门优秀人才培养选拔力度，强化激励机制，激发基层民族工作干部队伍活力。加强民族地区乡村干部、农村能人培训工作。加强贫困民族地区干部人才教育培养培训，大力实施边远贫困地区、边疆民族地区和革命老区人才支持计划、民族地区本土人才培养计划及少数民族贫困村创业致富带头人培训工程。依托党校、行政学院、普通高校和职业院校，加大少数民族和民族地区干部教育培训力度，支持中央和地方民族干部学院（校）及现场教学点建设。（中央组织部、中央统战部、国家民委、教育部、科技部、人力资源社会保障部、国家发展改革委、财政部、中国科协）

加强双语人才队伍建设。依托民族语文翻译机构、民族院校、民族地区高校等单位，培训熟练掌握国家通用语言文字和少数民族语言文字的双语干部人才。建立推动双语学习激励机制，支持少数民族干部学习国家通用语言，鼓励汉族干部学习少数民族语言。依托双语教学能力较强的民族院校和民族地区高校、党校、行政学院，加强少数民族和民族地区双语人才培养培训。健全少数民族汉语水平等级测试标准。（国家民委、教育部、中央组织部、国家公务员局）

第四节　加快民族事务管理服务能力建设

完善民族工作领导体制和工作机制。坚持民委委员制度，进一步发挥委员单位作用。加强民族工作部门建设，建立健全县级民族工作机制，加大人员、设备保障力度。加强民族工作信息化能力建设，提高民族事务管理服务现代化水平。充分利用大数据和云计算技术，加强少数民族和民族地区经济社会发展分析监测，开展民族事务战略性、趋势性、宏观性重大问题研判。完善民族工作决策机制、专家决策咨询委员会制度和研究成果转化机制。加强民族关系监测，建立健全预警监测体系和应急处理机制，妥善处理涉及民族因素的矛盾纠纷。开展少数民族经济社会调查基础性研究工作。（国家民委、中央组织部、财政部、中央网信办、工业和信息化部、国家统计局）

加强中国特色社会主义民族理论体系研究。依托有关科研机构，深入开展民族地区经济社会发展、民族区域自治、民族关系、城市民族工作、世界民族问题等重大问题研究。支持民族工作新型高端智库建设。办好国家民委民族问题研究项目评审、全国民族问题研究优秀成果和全国民族工作优秀调研成果评选等活动。（国家民委、中央宣传部、教育部、国家发展改革委）

专栏14　民族事务治理能力提升行动

（1）民族工作智库建设。发挥民族院校服务国家宏观战略、服务民族地区经济社会发展的重要作用，打造一批高水平的民族理论政策研究基地。建设民族理论政策研究专家与成果数据库。支持开展民族问题调查研究。加强民族工作数据库建设。（国家民委、教育部、财政部、国家发展改革委）

续表

(2) 少数民族和民族地区干部教育培训。继续实施少数民族和民族地区领导干部培训项目，分期分批对自治州、自治县、边境县、人口较少民族、少数民族特色村镇、集中连片特困民族地区干部以及少数民族中青年干部、女干部进行培训，提升少数民族领导干部综合素质。（国家民委、中央组织部、中央统战部）

(3) 民汉双语人才培养。支持双语人才培养培训基地和双语培养培训机构建设。加强双语精品课程和精品教材建设。开发建设双语学习载体和平台。（国家民委、中央组织部、教育部、国家公务员局、工业和信息化部、财政部、国家发展改革委）

(4) 少数民族状况评估系统建设。利用现代信息技术，开展少数民族状况动态监测分析，建立民族事务治理数据信息平台，增强民族工作科学决策能力。（国家民委、工业和信息化部、财政部、国家发展改革委）

第十二章 发挥政策支撑作用

第一节 财政政策

充分考虑少数民族和民族地区贫困人口、交通状况、气候条件、生态环境等方面的公共支出成本差异，加大中央财政投入力度，完善财政一般性转移支付增长机制，一般性转移支付资金和相关专项转移支付资金进一步向民族地区倾斜，确保对民族地区转移支付在总盘子中的比重继续增加。建立健全各级支持少数民族发展的投入长效机制，通过现有资金渠道，重点支持贫困民族地区脱贫攻坚、少数民族事业、兴边富民行动、扶持人口较少民族发展等领域建设。充分兼顾民族地区利益，支持民族地区全面开展营改增试点。（财政部、国务院扶贫办、国家民委）

第二节　投资政策

加大中央投入力度。增加对民族地区特别是边远地区重大基础设施、重大基本公共服务项目、重大生态保护工程等投入。加大对民族地区人居环境整治、民族文化传承等领域项目投资力度，推进少数民族事业、兴边富民行动、人口较少民族等重点领域建设。国家在民族地区安排的农村公路、饮水安全巩固提升、流域治理、林业重点工程等公益性建设项目，取消县以下和集中连片特困地区市地州级配套资金。加大现有投资中产业结构调整专项对民族地区特色优势产业发展的支持力度。拓宽民间投资领域和范围，推动社会资本参与民族地区基础设施投资、建设和运营。鼓励国际金融组织和外国政府优惠贷款向民族地区倾斜。（国家发展改革委、财政部、国家民委、人民银行、商务部、水利部、中国民航局、中国铁路总公司）

第三节　金融政策

充分发挥政策性金融、开发性金融、商业性金融和合作性金融作用，加大银行业、证券业、保险业对民族地区支持力度，重点支持基础设施、特色优势产业、能源、环保、教育、文化、医疗卫生等领域建设。加大民族地区信贷投入力度，鼓励民族地区县域内银行业金融机构新吸收存款一定比例用于当地发放贷款，重点支持中小企业、民贸民品企业发展。鼓励符合条件的金融机构在民族地区设立分支机构，加大金融服务力度，努力消除基础金融服务空白乡镇。推动符合条件的民间资本在民族地区依法发起设立民营银行和消费金融公司，参与发起设立村镇银行。规范民族地区信托业发展，支持融资担保机构从事中小企业担保业务。积极支持民族地区符合条件的企业在沪深交易所上市或在"新三板"挂牌并融资，支持符合条件的民族地区上市、挂牌公司通过并购重组做优做强，促进民族地区上市、挂牌公司健康发展。继续暂免征收西藏、新疆、内蒙古、宁夏、广西等自治区"新三板"挂牌公司的挂牌费用,实行专人对接、专人审核制度,做到即报即审、即审即挂。支持民族地区企业通过发行公司债、企业债、非金融企业债务融资工具和资产支持证券等方式进行融资。利用私募基金、产业基金、区域性股权市场和期货市场,支持民族地区经济发展。积极培育民族地区保险市场,不断丰富保险产品,拓宽保险服务领域。推动民族地区开展巨灾保险试点并推广,支持开展农业保险、贷款保证保险等业务。完善信贷风险补偿机制。(人民银行、银监会、证监会、保监会)

第四节 产业政策

根据国家产业结构调整指导目录,引导和支持民族地区承接产业转移。对民族地区符合国家产业政策的产业转移项目,根据权限优先予以核准或备案。支持东部地区符合民族地区特点和生态环境要求的产业有序梯度转移,建立承接产业转移示范园区和区域性产业合作示范区,提升重点企业技术改造和创新能力,引导产业向优化升级、节能减排、绿色环保等方向发展。完善民族地区资源开发利益分配机制,优先布局能源资源及其加工转化类重大产业项目,提高能源资源加工和深加工比例,延长产业链,提高附加值。实施差别化产业政策,支持民族地区发展特色优势产业,适当下放核准权限。加强对民族地区资源型城市可持续发展的引导和支持。(国家发展改革委、工业和信息化部、财政部、国土资源部、科技部、国家能源局、环境保护部)

第五节 土地政策

进一步完善建设用地审批制度,保障民族地区重点工程建设用地。合理确定民族地区产业园区建设用地基准地价。实施差别化土地政策,土地利用年度计划指标向民族地区适度倾斜,适当增加民族地区未利用地计划指标。新增建设用地计划指标和城乡建设用地增减挂钩指标重点向国家扶贫开发工作重点县倾斜，允许开展易地扶贫搬迁的集中连片特困地区、国家扶贫开发工作重点县和贫困老区将城乡建设用地增减挂钩指标在省域范围内使用。探索民族地区在域外发展"飞地"园区。高标准基本农田建设任务和分配中央补助资金继续向民族地区倾斜。支持有条件民族贫困地区开展建设用地整治试点工作。（国土资源部、财政部、国务院扶贫办、农业部、环境保护部）

第六节 社会政策

改革完善边疆、山区、牧区、少数民族聚居地区少数民族考生高考加分优惠政策，继续实施高校少数民族预科班、民族班和少数民族高层次骨干人才计划等特殊招生政策。民族地区投资项目优先吸纳当地劳动力就业，对招收少数民族员工的企业，按规定积极落实就业扶持政策。推动创业担保贷款发放，促进民族地区重点人群和就业困难人员创业就业。推动更多符合条件的民族药品种和民族医诊疗项目纳入医保支付范围，允许民族药医疗机构制剂在民族区域内民族医疗机构间调剂使用。支持少数民族非物质文化遗产传承人开展传习活动。（国家民委、教育部、人力资源社会保障部、人民银行、国家中医药局、国家卫生计生委、财政部、文化部、食品药品监管总局）

第七节 环境政策

结合实施国家主体功能区规划，率先在民族地区实行资源有偿使用制度和生态保护补偿制度，加快自然资源及其产品价格改革，全面实施资源税改革。合理调整资源开发收益分配政策，强化资源开发对民族地区发展的拉动效应。加大生态保护红线保护力度，逐步建立区域间生态保护补偿机制，重点支持国家禁止开发区域生态保护补偿试点地区和跨省流域生态保护补偿。建立健全民族地区生态保护补偿制度，加快制定出台生态保护补偿条例，逐步对水等自然资源征收资源税。支持民族地区开展森林碳汇参与温室气体自愿减排交易试点。（财政部、国家发展改革委、国土资源部、税务总局、环境保护部、国家林业局、水利部、农业部）

第八节　人才政策

中央国家机关及省级党政机关有计划招录少数民族公务员，继续实施民族地区招录少数民族公务员照顾政策，推动少数民族流动人口较多地区的窗口单位根据需要招录一定数量的少数民族公务员。支持内地高校毕业生到民族地区基层工作。支持高校少数民族毕业生到内地就业创业。加大选调生工作力度，鼓励高校优秀毕业生到民族地区基层锻炼成长。完善机关和事业单位人员工资待遇政策中涉及少数民族和民族地区的相关政策。加大对艰苦边远民族地区人才的政策倾斜力度，落实艰苦边远地区津贴动态调整机制，落实职务晋升、职称评定、职业资格考试、科研项目等方面的特殊政策。加大国家重大人才工程对民族地区支持力度，继续实施国家"千人计划"新疆、西藏项目，继续实施各类人才援藏援疆援青、博士服务团、"西部之光"访问学者、少数民族科技骨干特殊培养、文化名家暨"四个一批"人才工程。（国家公务员局、教育部、人力资源社会保障部、中央组织部、财政部、科技部、文化部、共青团中央、国家民委）

第九节　帮扶政策

鼓励经济较发达省市、大中城市、国有大中型企业采取多种形式支援民族地区加快发展。完善经济支援、产业支援、教育支援、干部支援、人才支援、科技支援等相结合的全面对口支援机制，创新支援方式，加大支援力度。继续实施中央国家机关及企事业单位等定点扶贫和对口支援。继续推进援疆、援藏、援青和对四省藏区的对口支援工作，指导各地进一步做好对口支援工作。继续推进中央企业与国家扶贫开发工作重点县的结对帮扶工作。鼓励社会各界参与支持民族地区公益活动及慈善捐助。(国家发展改革委、国务院国资委、教育部、中央组织部、人力资源社会保障部、科技部、国家民委、中央统战部、国务院扶贫办、民政部、中国科协)

第十三章　强化规划组织实施

第一节　加强组织领导

充分发挥国家民委委员单位和兼职委员在规划实施中的职能作用，建立规划实施领导机制和工作机制，协调解决规划实施过程中的重大问题，定期研究部署推进规划实施工作。充分调动各地各部门积极性，确立国家支持、省负总责、市县抓落实的工作方针，形成党委政府统一领导、有关部门各司其职、社会各方面通力协作的规划实施工作格局。(国家民委、国家发展改革委、教育部、科技部、工业和信息化部、公安部、民政部、财政部、人力资源社会保障部、国土资源部、环境保护部、住房城乡建设部、交通运输部、水利部、农业部、商务部、文化部、国家卫生计生委、人民银行、新闻出版广电总局、体育总局、国家旅游局、国家中医药局、国务院扶贫办)

第二节　明确责任分工

国家民委会同规划编制参加单位，负责制定规划实施方案，落实责任主体，明确工作进度，确保规划落到实处。省级人民政府要及时制定本地区配套规划或实施意见，分解落实工作责任，制定配套政策措施，认真抓好规划落实。对纳入本规划的工程项目，依法依规简化审批核准程序，优先保障规划选址、土地供应和融资安排，确保规划实施取得实效。(国家民委、国家发展改革委、教育部、工业和信息化部、财政部、住房城乡建设部、交通运输部、国土资源部、水利部、农业部、文化部、国家卫生计生委、人民银行、国家林业局、国家旅游局、国务院扶贫办)

第三节 强化督促检查

国家民委会同规划编制参加单位，加强对规划实施情况监督检查，建立规划实施情况年度报告制度，国家有关部门、省级人民政府配合做好相关工作。加强规划实施监测能力建设，建立综合评估指标体系，推进统计信息库建设，组织开展实施情况评估，定期向国务院报告。加强规划宣传，增强规划影响力，营造全社会共同关心支持少数民族和民族地区发展的良好氛围。(国家民委、国家发展改革委、教育部、工业和信息化部、财政部、住房城乡建设部、交通运输部、国土资源部、水利部、农业部、文化部、国家卫生计生委、人民银行、国家林业局、国家旅游局、国务院扶贫办、国家统计局、中央宣传部、新闻出版广电总局)

附 录

国家卫生计生委、国家中医药管理局关于加快推进人口健康信息化建设的指导意见

国卫规划发〔2013〕32号

各省、自治区、直辖市卫生厅局、人口计生委（卫生计生委）、中医药管理局，新疆生产建设兵团卫生局、人口计生委，委机关各司局，委直属和联系单位：

为加快建设人口健康信息化，提高卫生计生（含中医药，下同）服务与管理水平，现提出如下意见。

一、充分认识人口健康信息化建设的重要性和紧迫性

信息化是经济与社会发展的创新驱动力。人口健康信息化是国家信息化建设的重点领域和重要组成部分，是深化医药卫生体制改革的重要内容，是体现国民生活质量和国家综合实力的标志之一。

近年来，在党中央、国务院的正确领导和有关部门大力支持下，经过全系统的不懈努力，我国人口健康信息化建设全面推进、快速发展，为提高卫生计生服务和管理水平发挥了重要作用。覆盖城乡的传染病与突发公共卫生事件报告网络全面建立，以临床应用和电子病历建设为主要内容的医院信息化建设取得重要进展，远程会诊系统初具规模，基层医疗卫生管理信息系统的应用推广步伐加快，居民健康卡试点成效开始显现，信息标准和安全体系建设日益健全，150余项标准和安全规范初步满足当前人口健康信

息化建设需求，部分地方建立了省级信息平台和地市、县级区域信息平台，区域内卫生信息共享以及跨区域业务协同逐步深化。国家和省级全员人口信息资源库覆盖13亿人口，支持信息采集、人口与计划生育业务和人口决策三大应用，形成数据向上集中、应用向下延伸的服务模式，探索开展了计划生育服务管理信息的跨部门、跨地域交互和共享，促进了计划生育服务和管理由粗放型向精细化的转变。

但是，人口健康信息化建设仍然面临亟需解决的问题。亟需整合卫生计生已有信息系统，扩大区域信息平台覆盖面，并提高联网水平，实现系统互连互通、信息共享、业务协同，提高卫生计生服务能力和水平，改善人民群众就医感受。亟需改变中医类医疗卫生机构信息化建设的薄弱状态，促进各类医疗卫生机构信息化建设的平衡发展。亟需提升数据集成、信息资源综合利用水平，提高科学决策支持能力。亟需进一步加强制度、管理、人才和资金的保障，进一步完善信息标准和安全体系，支撑信息化建设顺利推进。

"十二五"时期是深化医药卫生体制改革的攻坚阶段，也是建立基本医疗卫生制度的关键时期。2013年以来，党中央、国务院就深化医改、加快推进人口健康信息化作出了一系列重大决策和战略部署，人口健康信息化建设面临重大机遇，亟需以信息技术支撑全人口、全生命周期的精细化人口健康服务，以人口健康推动实现社会的全面小康。大力推进人口健康信息技术的普及应用是促进卫生与计生融合发展，提升服务水平、创新服务模式、健全管理工作机制的重要手段，事关既定医改目标的有效实现，事关计划生育基本国策的有效落实，事关卫生计生事业的科学发展。人口健康信息化建设对于促进人人享有基本医疗服务目标的实现具有重要的战略意义和现实意义。

二、基本原则、总体框架与建设目标

（一）基本原则。按照国家信息化发展战略和国务院相关部署，坚持"制度先行、统筹设计、强化应用、互联共享、业务协同"的总原则，紧密围绕深化医改、完善生育政策和卫生计生融合发展，全面推进人口健康信息化工作，加快推进业务系统应用和协同，健全绩效评估和长效运维机制，有效提升科学决策、精细化管理和个性化服务水平，推动重点示范应用，实现行业率先发展。

（二）总体框架。统筹人口健康信息资源，强化制度、标准和安全体系建设，有效整合和共享全员人口信息、电子健康档案和电子病历三大数据库资源，实现公共卫生、计划生育、医疗服务、医疗保障、药品管理、综合管理等六大业务应用，建设国家、省、地市和县四级人口健康信息平台，以四级平台作为六大业务应用纵横连接的枢纽，以居民健康卡为群众享受各项卫生计生服务的联结介质，形成覆盖各级各类卫生计生机构（含中医药机构，下同）高效统一的网络，实现业务应用互联互通、信息共享、有效协同。

（三）总体目标。以业务和管理需求为导向，全面建成实用、共享、安全的人口健康信息网络体系，为深化医药卫生体制改革，有效落实计划生育基本国策，促进中医药事业发展，提高卫生计生服务与管理水平，实现人人享有基本医疗卫生服务目标提供有力的信息技术支撑和保障。

（四）阶段目标。至"十二五"末，基本实现各级各类卫生计生机构的信息网络安全互联；以区域为重点完成全员人口信息、电子健康档案和电子病历数据库建设，实现试点地区互联互通；结合地方实际，合理构建四级信息平台，实现六大业务应用，基本覆盖80%的省份、70%的地市以及50%的县区，公立医院综合改革试点地区全覆盖；在试点地区普及应用居民健康卡。

"十三五"时期，深入开展与新一轮信息技术革命相承接的人口健康信息化重大工程建设，全力加强示范推广，持续深化重点业务应用，实现全员人口信息、电子健康档案和电子病历数据库基本覆盖全国人口并整合共享；全面建成互联互通的四级信息平台，实现六大业务应用、业务协同和信息共享；普及应用居民健康卡，全国实现"一卡通"。

三、重点任务

（一）健全制度和统一标准体系。结合实际，健全人口健康信息化管理制度，完善居民健康卡普及应用工作机制和管理制度，完善区域人口健康信息平台、全员人口信息、电子健康档案、电子病历数据库建设和运维管理的工作机制，保障工作正常开展。

建立健全适应中西医业务发展需求，促进卫生计生科学发展，涵盖数据、应用、管理、安全等方面的人口健康信息化标准规范体系；修订完善全员人口信息、电子健康档案、中西医电子病历数据标准和技术规范，统一建立人口健康数据元值域代码数据库，实现与相关业务领域信息标准协同；完善业务术语标准、各类数据集标准、统一接口标准，完善信息化标准应用管理工作机制，推动中医药信息标准的建立和应用，加强人口健康软件、终端和网络相关标准的符合性测试，实施标准应用评估，确保人口健康信息系统标准统一、有效互通和可持续发展。

（二）统筹建设三大数据库。

推进全员人口信息数据库的建设和应用，实现全员人口信息的实时动态管理，为促进人口与经济社会、资源环境全面协调可持续发展提供决策依据。

推进居民电子健康档案数据库建设和应用。完善居民电子健康档案数据库，支撑区域内基层卫生计生机构间信息动态共享及业务协同，提升公共卫生和基层医疗卫生应用服务水平，满足居民个人健康档案信息查询、增强自我保健和健康管理能力，提高全民健康水平。

推进中西医电子病历的建设和应用。以中西医电子病历为核心，实现医院内部信息资源整合和共享，提高医疗服务效率和质量，加强公立医院行为监管，体现公益性。通过区域信息平台实现居民基本健康信息和检查检验结果、医学影像、用药记录等的医疗机构之间信息共享，实现区域内居民电子健康档案与电子病历的实时动态更新，提高数据质量。

全员人口信息、电子健康档案和电子病历三大数据库相对独立又相互关联，在确保三大数据库基本信息的一致性、准确性、完整性，避免多头重复采集的基础上，对外授权实现部门信息共享，对内有效提升临床和基础医学科学研究水平，实现信息资源综合开发利用和信息共享，支撑人口健康战略决策和精细化服务管理。

（三）统筹建设六大业务应用系统。统筹建设和深化涵盖卫生计生各项业务领域的公共卫生、计划生育、医疗服务、医疗保障、药品管理、综合管理等六大重点业务应用系统，充分运用大数据、云计算、物联网、视联网、智能卡等新技术，有效提升人口健康信息化业务应用水平。

加强公共卫生信息系统建设，实现分级管理，数据同步，协同应用。完善疾病防控、健康教育、妇幼健康、食品安全、血液管理、综合监督、卫生应急决策信息系统，提高业务能力，加快卫生计生门户网站和服务热线建设，推动实现基本公共卫生服务均等化。

加强计划生育应用信息系统建设。完善出生人口信息采集和监测预警机制，实现流动人口服务管理跨地域业务协同，加强出生人口性别比综合治理和计划生育利益导向政策落实，开展计划生育依法行政和便民服务，提升家庭发展能力，加强人口与计划生育目标管理责任制考核，推动人口与计划生育工作转型发展。

加强医疗服务应用信息系统建设，推进中西医电子病历应用和远程医疗，优化医疗服务流程，规范医疗服务行为，用信息化手段提高医疗服务质量和效率，保障医疗安全，方便群众看病就医。

完善医疗保障信息系统在卫生计生行业的应用，促进医疗、医保体系信息共享。加快完善新农合信息系统，提高新农合基金监管水平和使用效率，方便参合农民异地就医和即时结报，加强全国新农合业务运行监控和信息决策支持。

完善医疗机构和公共卫生机构药品供应保障应用信息系统，支持基本药物管理和使用，支持药品、医疗器械招标采购、物流配送、使用管理，强化及时监管。

完善综合管理应用信息系统，提高人口健康信息数据采集的及时性和准确性，提高信息数据统计分析和应用能力，实现对各级各类卫生计生机构业务工作、财务管理、内部运行的精细化管理，有效支撑卫生计生战略决策和政策规划。

（四）合理构建四级信息平台。建设标准统一、融合开放、有机对接、分级管理、安全可靠的国家、省、地市、县四级人口健康信息平台。

各地根据服务人口数量和地域特点，因地制宜、合理规划，建设地市及县级区域信息平台，联通区域内各类卫生计生机构的信息系统，以服务居民为中心，支撑公共卫生、计划生育、医疗服务、医疗保障、药品管理、综合管理等业务应用，支持远程会诊、预约挂号、双向转诊、健康咨询等服务，突出传染病防控、预防接种、重点精神障碍等报告与管理，实现电子病历与电子健康档案信息实时更新，满足居民查询个人健康档案需求。支持区域内医疗卫生人员绩效考核、卫生计生服务监管、药物使用监管等精细化管理。联通省级信息平台，满足跨区域业务协同需求。

省级信息平台数据同步来源于辖区内地市、县级信息平台，形成全省（区、市）居民电子健康档案索引库，实现满足业务需求的统计分析功能，支持综合管理和科学决策，支持跨区域信息查询和六大业务应用协同。依托省级全员人口信息数据库实现辖区内计划生育服务和管理。联通国家平台，满足跨省业务协同需求。

国家平台数据主要来源于省级平台，统筹中医药管理、疾病预防控制、妇幼健康、综合监督、计划生育、新农合和应急指挥等管理功能。依托信息资源库和多主题数据库，实现全国人口健康信息数据挖掘和综合分析，支撑国家人口健康管理和决策，支撑跨省、跨业务领域信息共享和业务协同。对外授权实现与有关部门信息系统对接和信息共享。

（五）加快推进人口健康信息网络统一共享、互联互通建设。人口健康信息化建设的重点在于互联互通、信息共享，实现卫生计生各项业务相向协同，同时集中数据信息资源，发挥大数据应用优势，有效提升人口健康科学决策和服务管理水平。以国家电子政务外网为骨干，多种通信网络为补充，构建与互联网安全隔离，横向到边、纵向到底，高效、稳定的人口健康信息网络，稳步扩大网络覆盖面，推动四级信息平台、平台与各级各类卫生计生机构信息系统的互联互通，加快推进全行业信息共享交换和业务协同。

（六）加快推进居民健康卡建设与应用。以居民健康卡为联结介质，依托四级人口健康信息平台，有效共享全员人口信息、电子健康档案、电子病历信息。坚持居民健康卡的专属、通用、交互和开放功能，实现居民身份识别、基本健康信息存储、跨区域跨机构就医和费用结算，促进居民个人电子健康信息动态实时更新，强化个人健康与疾病监测的管理，构建优化、规范、共享、互信的诊疗流程，方便居民享受连续、高效、便捷的卫生计生服务。

（七）强化信息安全防护体系建设。贯彻执行国家信息安全等级保护制度、分级保护制度和信息安全审查制度，同步规划、同步设计、同步实施人口健康信息系统（平台）安全建设。完善安全管理机制和制度，加强信息安全防护体系建设，强化容灾备份工作，确保系统运行安全和信息安全。推行以电子认证技术为基础的网络信任体系建设，建立统一互认的CA认证体系，保障业务应用安全。完善涉及居民隐私的信息安全体系建设，实现信息共享与隐私保护同步发展。

四、重点工程

（一）全面推进"全民健康保障信息化工程"和"金人工程"。按照《"十二五"国家政务信息化工程建设规划》建设全民健康保障信息化工程，实现卫生相关政务部门的信息共享和业务协同，提高突发公共卫生事件应对能力、重大疾病防控能力、食品安全、综合监督和公众健康保障能力，以及基层医疗卫生服务能力，提升医疗卫生事业行政监督管理水平，提高远程医疗服务能力，促进基本公共卫生服务均等化，满足人民群众多层次多样化医疗卫生服务需求。重点完善以疾病防控网络为主体的中西医协同的公共卫生信息系统；完善以食品安全风险监测评估为主体的食品安全信息系统；建立完善覆盖城乡的公共卫生、医疗服务、计划生育等的综合监督信息系统；建立涵盖基本药物采购供应和使用管理、居民健康管理、诊疗导航和绩效考核等功能的基层医疗卫生管理系统；建立妇幼卫生监测、孕产妇、儿童保健管理、生殖健康服务等的妇幼健康服务信息系统；以建立城乡居民电子健康档案和中西医电子病历为重点，建设支持各级医院上下联动、医保医药医疗业务协同、居民健康监测咨询等的医疗健康公共服务信息系统，支持医疗机构分级协作和医保支付、费用核查、即时结算；建设基本药物制度管理信息系统和基本医疗卫生服务质量与绩效评价信息系统。

推进国家和省级全员人口统筹管理信息系统（"金人工程"）建设。加强全员人口信息的自主采集、业务办理采集和共享采集，加强人口与计划生育服务管理。建立完善国家和省级全员人口数据中心，形成标准统一、更新及时、真实准确的全员人口统筹管理信息资源；推进计划生育公共服务管理，基本实现全国流动人口计划生育相关信息的快速查询和异地办证；建立出生人口登记和出生医学证明信息系统，开展出生人口信息监测，推进出生性别比综合治理；探索开展以家庭为主体的信息管理，加强计划生育家庭利益导向、应对人口老龄化等政策制定实施；加强人口政策辅助决策支撑体系，加强对人口总量、素质、结构、动态分布、家庭发展能力、人口城镇化等关系社会发展重大问题的动态监测、分析评价和科学预测，为完善计划生育政策提供信息支持和科学依据。

全面推进两项工程建设，统筹业务需求，共享基础设施和数据，促进软硬件匹配、信息整合和大数据应用。

(二) 实施信息惠民工程。按照《国务院关于促进信息消费扩大内需的若干意见》，将远程医疗和居民健康卡建设纳入信息惠民工程。一是建设国家远程医疗服务监管系统和省级远程医疗服务信息系统，并实现远程医疗系统之间的互联互通。整合远程医疗服务资源，提供远程会诊、远程影像诊断、远程心电诊断、远程病理诊断、远程监护、远程教育等远程医学服务。二是普及应用居民健康卡。加快大型医疗机构以及新农合参合人群、新生儿群体、职业卫生高危人群、无偿献血者等人群的发放与应用，服务于民，惠及于民。将居民健康卡的发放使用情况纳入医院等级评审考核指标。

(三) 推广区域人口健康信息化示范。在全国大中型城市推广区域人口健康信息化成功经验，依托居民健康卡和医疗卫生人员绩效考核卡（CA 电子认证），促进区域内人口健康信息共享、业务协同，创新资源集约、流程科学、服务规范的卫生服务模式，方便居民获得优质高效的医疗卫生服务，培养居民健康管理理念，改善看病就医感受，健全以内部管理、外部监管、绩效考核、政府补偿为核心的监管体系，形成整体示范效应。

(四) 加快推进各地已有信息化建设。继续加强省级人口健康信息化综合建设工作，推进居民电子健康档案、电子病历、门诊统筹管理，加快省级综合管理信息平台和区域信息平台建设，实现各级各类医疗卫生机构互联互通。推动以省（区、市）为单位建设统一的基层医疗卫生机构管理信息系统，实现基本药物招标采购供应，构建涵盖居民健康管理、公共卫生监测与服务、规范化诊疗、绩效考核等基本功能的管理信息系统，提升基层医疗卫生机构规范化服务质量和水平。加快推动医疗卫生机构药品电子监管系统建设，实现医疗机构和疾控机构内部药品（疫苗）使用的全程监管。

(五) 加强突发公共事件卫生应急信息化建设。按照《国家突发事件应急体系建设"十二五"规划》要求，依托现有基础，加强卫生应急指挥决策信息系统建设和移动应急指挥平台建设，提高卫生应急准备、监测和应急处理信息数据采集、分析、研判能力，实现卫生应急值守、预警评估、辅助决策、现场指挥、异地会商、队伍和物资的有效管理与调度，构建国家、省、地市、县之间互联互通、信息共享、反应灵敏的卫生应急指挥体系。

（六）推动中医药服务信息化建设。依托四级人口健康信息平台，实现中医药与卫生计生业务协同、信息共享。建设中医药电子政务、综合统计、预防保健（治未病）系统，加强医院、社区卫生服务中心中医电子病历和中西医医疗信息系统。继续开展中药资源基础数据服务和动态监测信息系统建设。逐步增强民族医药信息化能力建设。

五、保障措施

（一）建立统筹协调机制。各级卫生计生行政部门要高度重视，加强领导，建立完善人口健康信息化管理组织和专业机构，明确业务部门和相关机构的信息化建设工作职责与任务。各地要加强信息化建设业务指导和监督评估，将信息化建设成效纳入年度目标考核内容。要加强与相关部门的沟通和协调，争取政策、编制等方面的支持，为人口健康信息化工作提供坚实保障。

（二）加强制度保障与人才队伍建设。形成有效的人口健康信息化管理机制和完备的规章制度体系，保证各级人口健康信息化建设高效管控与有序开展。重点加强人才队伍建设，特别是高端急需人才和基层实用人才的培养，建立业务培训考核和职称评聘制度，探索建立持证上岗制度，逐步形成稳定、可持续的复合型人才队伍的培养、管理与保障制度。

（三）加大投入力度。各级卫生计生行政部门要统筹安排使用信息化建设资金。要会同发展改革、财政、信息化管理等有关部门，加大人口健康信息化建设及科研资金投入，重点保障各项重大工程建设和系统运维经费投入，确保持续深入开展人口健康信息化建设。

（四）完善体制机制。完善信息化归口管理、各业务部门分工协作的工作机制。探索建立政府统筹、部门主导、社会参与、便民惠民、合作共赢的人口健康信息化建设模式。充分利用已有信息资源，加强与专业咨询机构、国内科研机构及相关具有自主知识产权的知名企业开展战略合作。充分发挥信息学会协会作用，探索建立行业软件评价和准入机制。

国家卫生计生委
国家中医药管理局
2013年11月20日

国家人口计生委关于加强人口文化建设的意见

人口宣教〔2012〕11号

各省、自治区、直辖市人口计生委,计划单列市、新疆生产建设兵团人口计生委,中直机关、中央国家机关人口计生委,解放军、武警部队计划生育领导小组办公室:

为认真贯彻落实党的十七届六中全会精神和中央政治局第二十八次集体学习胡锦涛总书记重要讲话精神,促进新时期人口文化繁荣发展,为全面做好人口工作创造良好文化条件,现就加强人口文化建设提出如下意见。

一、加强人口文化建设的重要性和紧迫性

(一)建设先进的人口文化是促进社会和谐的重要基础。人口文化是指人口变动和发展过程中形成的观念意识、伦理道德、制度习俗和行为规范,包括与人口变动和发展密切相关的性别文化、婚姻文化、家庭文化、生育文化、养育文化、养老文化等。先进人口文化是社会主义先进文化的重要组成部分,人口文化建设旨在通过文化的先导作用,促进人口自身数量、素质、结构、分布等各要素的协调发展,促进人口与经济、社会、资源、环境的协调和可持续发展,促进人的全面发展、家庭和谐幸福和社会和谐发展。

(二)加强人口文化建设是全面做好人口工作的必然要求。我国人口计生工作的一条宝贵经验就是始终把宣传教育工作放在首位,大力推进人口文化建设,引导人们树立科学文明进步的生育观念,为人口计生工作营造良好舆论氛围和社会环境。当前,我国人口计生工作进入到全面做好人口工作、促进人口长期均衡发展的新阶段,切实落实稳定低生育水平、提高人口素质、综合治理出生人口性别比问题、引导人口有序迁移和合理分布、应对人口老龄化、促进家庭和谐幸福等重点任务，都与人口文化建设息息相关。与此同时，随着全球化背景下我国经济社会的发展进步，人们的思想观念更加多元，文化需求更加多样，舆论环境空前复杂，必须要以高度的政治责任感，更加主动自觉地推进人口文化建设，进一步发挥人口文化对全面做好人口工作的推动作用。

（三）人口文化建设面临的突出矛盾和问题。当前我国人口文化建设同经济社会发展和人民日益增长的精神文化需求还不完全适应，突出矛盾和问题主要有：重男轻女、多子多福等传统人口文化观念在一些地方的影响根深蒂固，用先进人口文化引领婚育观念和行为的任务十分迫切；一些地方和单位对人口文化建设重要性和必要性认识不足，人口文化在推动全民族文明素质提高中的作用亟待加强；有影响的人口文化精品力作不多，文化产品创作生产引导力度需要加大；舆论引导能力需要提高，网络建设和管理亟待加强；人口文化基本公共服务体系不健全，城乡、区域之间发展不平衡；人口文化产业规模不大、结构不合理，束缚人口文化发展的体制机制问题尚未根本解决；人口文化理论研究和实践探索亟待加强，队伍能力尚需提高。加强人口文化建设，必须抓紧解决这些矛盾和问题。

二、人口文化建设的指导思想、总体目标和基本原则

（一）人口文化建设的指导思想。高举中国特色社会主义伟大旗帜，以马克思列宁主义、毛泽东思想、邓小平理论和"三个代表"重要思想为指导，深入贯彻落实科学发展观，坚持社会主义先进文化前进方向，紧紧围绕经济社会发展和人口工作大局，以科学发展为主题，以建设社会主义核心价值体系为根本任务，以满足人民精神文化需求为出发点和落脚点，以改革创新为动力，大力发展民族的科学的大众的人口文化，培养高度的人口文化自觉和人口文化自信，提高全社会文化素养和文明素质，为实现人口均衡发展和人的全面发展提供坚强思想保证、强大精神动力、有力舆论支持和良好文化条件。

（二）人口文化建设的总体目标。人口均衡型社会建设和新型家庭人口文化深入人心，公民文明素质明显提高；满足人民群众需要的人口文化产品更加丰富，精品力作不断涌现；人口文化事业全面繁荣，覆盖全国城乡的人口文化基本公共服务体系初步建立；人口文化产业有较大发展，适应社会主义市场经济条件的人口文化产业发展模式初步形成。

（三）人口文化建设的基本原则。

——坚持社会主义先进文化前进方向，用社会主义核心价值体系引领人口文化建设，在全社会倡导科学、文明、进步的婚育观念和健康文明的生活方式。——坚持以人为本，满足人民群众日益增长的精神文化生活需求，发挥人民群众在人口文化建设中的主体作用，促进人的全面发展与家庭和谐幸福。

——坚持把社会效益放在首位，社会效益和经济效益有机统一，遵循文化发展规律，适应社会主义市场经济发展要求，推动人口文化事业和人口文化产业全面协调可持续发展。

三、推进人口文化理论研究与实践探索

（一）倡导人口均衡型社会建设。通过理论教育、新闻宣传、社会宣传等多种渠道和形式，大力宣传倡导坚持计划生育基本国策，以人的全面发展统筹解决好人口问题，稳定低生育水平，提高人口素质，优化人口结构，引导人口合理分布，保障人口安全，促进人口与经济、社会、资源、环境协调可持续发展，建设人口均衡型、资源节约型和环境友好型社会。

（二）推动新型家庭人口文化建设。家庭是构成社会的基本细胞，是人口生产的基本单位，是新形势下全面做好人口工作的出发点和落脚点。积极拓展和大力推进婚育新风进万家活动、关爱女孩行动、新农村新家庭计划、生育关怀行动、幸福工程、创建幸福家庭活动、阳光计生行动等实践活动，大力弘扬"计划生育、优生优育、男女平等、敬老养老、生殖健康、家庭幸福"等为主要内容的新型家庭人口文化，为提高家庭生活质量、提升家庭发展能力、促进家庭和谐幸福创造良好条件。把新型家庭人口文化建设与社会主义精神文明建设、公民道德建设、未成年人思想道德建设等紧密结合，积极推进儿童早期发展工作，实施青少年健康人格工程，努力提高全社会文明素质。

四、增强人口文化传播能力

（一）加强人口新闻舆论工作。牢牢把握正确舆论导向，充分利用人口计生系统新闻媒体和各级各类主流新闻媒体，加大正面宣传力度，树立人口工作"更加注重利益引导、更加注重服务关怀、更加注重宣传倡导"的良好形象。充分利用互联网、手机等新兴媒体开展人口新闻宣传，形成网络正面舆论强势。完善新闻发布制度，建立健全人口舆情监测、预警和应对的长效工作机制，加强对突发事件的舆论引导，及时回应社会关切。

（二）加强人口文化阵地建设。整合人口计生系统资源，动员社会各方面力量，进一步加强人口文化园、人口家庭服务中心、人口文化大院、新家庭文化屋、人口文化网等人口文化传播阵地建设，积极推进人口文化进机关、进学校、进军营、进企业、进社区、进村入户。不断优化人口计生户外宣传环境，宣传内容准确规范、温馨感人，宣传载体形式多样、新颖美观，成为传播人口文化的有效载体。拓展网上人口文化阵地，推动优秀人口文化作品的传播。

（三）繁荣人口文化作品创作生产。要把新形势下全面做好人口工作的要求和人民群众的现实需求结合起来，加大人口文化作品的开发力度，努力推出一批思想性、艺术性、观赏性相统一，体现地域特色，群众喜闻乐见的文图音像宣传品、出版物、文艺作品以及适合互联网、手机、现代远程传播等新媒体的人口文化精品佳作。完善评价标准和激励机制，办好中国人口文化奖等相关评奖活动，推动以人口文化为主题的文化精品创作。广泛团结文化艺术工作者参与人口文化建设，进一步提升人口文化的社会影响力。

（四）加强对外宣传工作。坚持紧紧围绕国内工作大局，通过新闻发布、组织采访、举办展览等多种渠道和形式，广泛深入宣传我国人口发展和全面做好人口工作理念、进展和成效，树立中国负责任人口大国的良好形象；加强对突发事件和热点问题的对外宣传和舆论引导，不断提高驾驭新兴媒体能力、网上舆论引导能力和对外宣传能力；统筹国内国际两个大局，加强内宣外宣协调配合，不断提高对外宣传实效性和影响力。

五、大力发展公益性人口文化事业和人口文化产业

（一）推进人口文化基本公共服务体系建设。以公共财政为支撑，以全人口为服务对象，针对生命周期不同阶段人群的特点，以人口文化活动中心、人口家庭服务中心、新家庭文化屋等为载体，开展人口文化公益服务。加强与相关部门协作，通过文化信息资源、文化服务设施、文化活动场所的共享共建，满足公众对人口文化相关知识和服务需求。

（二）促进人口文化基本公共服务均等化。以农村和中西部地区为重点，通过实施新农村新家庭计划、西藏和四省藏区幸福家庭等项目开展人口文化基本公共服务。从理念、项目、资金等方面全方位加大对革命老区、民族地区、边疆地区、贫困地区人口文化服务网络建设支持和帮扶力度。把流动人口纳入城市人口文化基本公共服务体系，积极开展面向农民工的服务和倡导。

（三）加快发展人口文化产业。发展人口文化产业是社会主义市场经济条件下满足人的全面发展需求的重要途径。针对全人口不同生命周期特点，提供针对性强的人口文化产品和服务，增加人口文化消费总量。引导社会力量和文化企业投资兴建更多适合群众需求的人口文化设施，鼓励创作生产满足群众需求、适应群众购买能力的人口文化产品。

六、为人口文化建设提供体制机制保障

（一）深化文化体制改革。推进人口文化单位转企改制，完善法人治理结构，形成符合现代企业制度要求、体现文化企业特点的资产组织形式和经营管理模式。着眼于突出公益属性、强化服务功能、增强发展活力，全面推进人口文化事业单位人事、收入分配、

社会保障制度改革，明确服务规范，加强绩效评估考核，增强面向市场、面向群众提供服务的能力。

（二）加强资源整合和队伍建设。积极协调相关部门，有效整合和共享各种人口文化建设资源。充分发挥各级人口宣传教育队伍、群众团体和社会组织作用，形成共建人口文化的格局。加强人口文化队伍能力建设，完善培训制度，建立激励机制，不断壮大人口文化工作队伍，团结热心于人口文化的各界人士，为人口文化发展提供强有力人才支撑。

（三）加强组织领导和投入保障。各级人口计生部门要高度重视人口文化建设工作，将其作为新形势下全面做好人口工作的重要内容，积极向党委政府宣传倡导，争取更大的支持力度，并在人员、经费、设施等各方面提供保障。要将人口文化建设专项资金作为人口计生公共服务支出列入部门预算，专款专用，务求实效，人口文化建设的投入要不低于人口计生经费投入的增长幅度。将人口文化建设纳入责任目标考核，积极引导和有效激励人口文化建设创新发展。

（四）充分发挥人民群众的主体作用。广泛开展群众性人口文化活动，引导群众在人口文化建设中自我宣传、自我教育、自我服务。积极搭建公益性人口文化活动平台，组织开展群众便于参与、喜闻乐见的人口文化活动。精心培育植根群众、服务群众的人口文化活动载体，及时总结来自群众、生动鲜活的人口文化创新经验。

（五）加强理论研究和实践创新。紧紧围绕全面做好人口工作的重点任务，积极发挥专家学者作用，加强对人口文化建设相关课题的理论研究；加强人口文化建设分类指导和典型培育，倡导各地结合地方实际开展各具特色的品牌活动；创作出版一批人口文化理论研讨和实践探索著作，推动人口文化建设创新发展。

国家人口计生委

二〇一二年一月十七日

关于建立城镇建设用地增加规模同吸纳农业转移人口落户数量挂钩机制的实施意见

国土资源部　国家发展改革委　公安部
人力资源社会保障部　住房城乡建设部关于印发
《关于建立城镇建设用地增加规模同吸纳农业转移
人口落户数量挂钩机制的实施意见》的通知
国土资发〔2016〕123号

各省、自治区、直辖市人民政府，新疆生产建设兵团，国务院有关部委、直属机构：

　　按照党中央、国务院决策部署，现将《关于建立城镇建设用地增加规模同吸纳农业转移人口落户数量挂钩机制的实施意见》印发你们，请认真贯彻执行。

2016年9月29日

　　根据《中华人民共和国国民经济和社会发展第十三个五年规划纲要》和《国家新型城镇化规划（2014—2020年）》要求，为推进以人为核心的新型城镇化，提高农业转移人口市民化用地保障水平，现就建立城镇建设用地增加规模同吸纳农业转移人口落户数量挂钩（以下称人地挂钩）机制提出以下意见。

一、总体要求

（一）指导思想。全面贯彻党的十八大和十八届三中、四中、五中全会精神，深入贯彻习近平总书记系列重要讲话精神，按照"五位一体"总体布局和"四个全面"战略布局，牢固树立创新、协调、绿色、开放、共享的新发展理念，认真落实党中央、国务院决策部署，以人的城镇化为核心，制定实施人地挂钩政策，通过规划总量调控、计划单列下达、用地优化安排，满足新型城镇化用地需求。

（二）基本原则。

坚持以人定地、人地和谐。根据吸纳农业转移进城落户人口（指取得城镇户籍的进城农业人口，以下简称进城落户人口）数量，合理确定城镇新增建设用地规模，保障其用地需求，促进城乡建设相协调、就业转移和人口集聚相统一。

坚持保护耕地、节约用地。坚持最严格的耕地保护和节约用地制度，严守耕地保护红线和城市开发边界，已划定的城市周边永久基本农田绝不能随便占用。新增建设用地必须"管住总量、严控增量、盘活存量"，严格执行人均用地标准，充分利用现有建设用地，不占或者尽量少占农用地，切实提高土地利用效率。

坚持改革创新、规范运作。创新土地资源配置方式，完善用地管理制度，科学合理安排进城落户人口各类用地，优化各相关指标测算流程，明确各方职责，建立政策实施跟踪分析机制，不断提高用地管理科学化、规范化水平。

坚持尊重意愿、维护权益。充分尊重农民意愿，不搞强迫命令、不搞"一刀切"，切实维护进城落户农民土地承包权、宅基地使用权、集体收益分配权，支持引导其依法自愿有偿转让上述权益，完善权益流转机制。

（三）目标任务。到2018年，基本建立人地挂钩机制，形成部门联动、上下衔接、有利于促进新型城镇化发展的建设用地供应制度；到2020年，全面建立科学合理的人地挂钩机制政策体系，区域和城乡用地结构布局更加优化，土地节约集约利用水平显著提高，为如期实现1亿左右农业转移人口和其他常住人口在城镇落户提供用地保障。

二、主要措施

（一）实行差别化用地标准。按照超大城市、特大城市、大中小城市和小城镇协调发展的要求，实行差别化进城落户人口城镇新增建设用地标准。根据《国家新型城镇化规划（2014—2020年）》提出的人均城镇建设用地控制目标，综合考虑人均城镇建设用地存量水平等因素，确定进城落户人口新增城镇建设用地标准为：现状人均城镇建设用地不超过100平方米的城镇，按照人均100平方米标准安排；在100—150平方米之间的城镇，按照人均80平方米标准安排；超过150平方米的城镇，按照人均50平方米标准安排。超大和特大城市的中心城区原则上不因吸纳农业转移人口安排新增建设用地。

（二）实施规划统筹管控。在各级土地利用总体规划、城乡规划编制和修订时，充分考虑区域经济社会发展水平、土地利用现状、节约集约用地要求和人口规模等因素，特别是进城落户人口数量和流向，科学测算和合理安排城镇新增建设用地规模。原有用地规模确实无法满足进城落户人口用地需求的，可依法对土地利用总体规划进行适当调整。

（三）改进用地计划安排。依据土地利用总体规划和上一年度进城落户人口数量，合理安排各类城镇新增建设用地年度计划，保障进城落户人口用地需求。国家在下达土地利用年度计划时，充分考虑各省（区、市）上一年度进城落户人口规模，合理分解新增建设用地计划指标；省（区、市）根据所辖各市县上一年度进城落户人口规模，专项安排进城落户人口相应的新增建设用地计划指标；县（市、区）在组织城镇建设时，优先安排吸纳进城落户人口镇的用地。

（四）优化土地供应结构。各县（市、区）要根据有关规划和计划，按照方便进城落户人口生产生活的要求，统筹考虑各类各业建设用地供应，优先保障住房特别是落户人口的保障房，以及教育、医疗、养老、就业等民生和城镇基础设施建设用地，合理安排必要的产业用地。鼓励各地盘活存量城镇建设用地，提高节约集约用地水平。

（五）提高农村土地利用效率。结合农村宅基地制度改革，允许进城落户人员在本集体经济组织内部自愿有偿退出或转让宅基地，鼓励农村土地经营权规范有序流转。规范推进城乡建设用地增减挂钩，对旧村庄、旧宅基地和闲置农村建设用地进行整理复垦，增加耕地面积，在满足农民安置、农村发展用地的前提下，可将节余的建设用地用于城镇建设。

三、组织实施

（一）落实地方责任。各省（区、市）人民政府对本行政区域人地挂钩机制实施工作负总责，要切实加强组织领导，尽快出台实施细则，确保政策措施落实到位；根据本地实际，可对进城落户人口新增城镇建设用地标准进行适当调整，幅度控制在10%以内。对非农业转移落户人口和取得居住证的常住非户籍人口，各地要根据实际需要适当安排建设用地。

（二）强化部门协同。建立推进人地挂钩机制的部门协作机制，由国土资源部门牵头，发展改革、公安、住房城乡建设等部门参与，加强配合协调，做好政策衔接。国土资源部门会同发展改革部门负责提出吸纳农业转移人口落户城镇的基础设施、公共服务设施、配套产业建设用地需求，制定和实施进城落户人口用地政策。住房城乡建设部门负责城镇规划、用地结构布局，以及住房和市政设施建设用地需求及结构预测等。公安部门负责核实汇总下一级人民政府报送的上一年度进城落户人口数据，提供给国土资源、发展改革、住房城乡建设部门，并报送本级人民政府，作为实施人地挂钩机制的重要依据。

（三）规范政策实施。公安部门要加强对户籍管理的监管，防止出现为片面追求城镇化用地规模而更改户籍、农民"被市民化"等现象，保证农业转移人口进城落户的真实性和准确性。现阶段，不得以退出农民土地承包权、宅基地使用权、集体收益分配权作为农民进城落户的条件。要加强信息化建设，实现人口、土地等基础数据跨部门共享，对进城落户人口和城乡建设用地变化情况实行动态监测。对于政策实施过程中出现的失职渎职、弄虚作假等行为，要按照有关规定予以严肃处理。

（四）加强宣传引导。充分利用报纸、广播、电视、网络等媒体，准确解读人地挂钩机制的重要意义、政策内涵和工作要求，合理引导社会预期，形成广泛共识。在实施过程中，要认真做好宣传，及时回应群众关切，为加快农业转移人口市民化进程、推进新型城镇化发展营造良好社会氛围。

（五）做好总结评估。各省（区、市）人民政府要对人地挂钩机制实施进展情况进行年度总结，向国土资源部报送有关情况。国土资源部会同有关部门建立跟踪分析机制，每年开展总结评估，进展情况向国务院报告；对于好的经验和做法，要及时研究推广；对于实施中出现的问题和困难，要加强沟通协调，认真研究解决，不断完善政策，确保人地挂钩政策措施落到实处，取得实效。

国务院关于实施支持农业转移
人口市民化若干财政政策的通知

国发〔2016〕44号

各省、自治区、直辖市人民政府，国务院各部委、各直属机构：

加快农业转移人口市民化，是推进以人为核心的新型城镇化的首要任务，是破解城乡二元结构的根本途径，是扩内需、调结构的重要抓手。根据党中央、国务院决策部署，现就实施支持农业转移人口市民化若干财政政策通知如下：

一、总体要求

全面贯彻落实党的十八大和十八届三中、四中、五中全会以及中央经济工作会议、中央城镇化工作会议、中央城市工作会议精神，深入贯彻习近平总书记系列重要讲话精神，适应、把握和引领经济发展新常态，按照"五位一体"总体布局和"四个全面"战略布局，牢固树立和贯彻落实创新、协调、绿色、开放、共享的发展理念，强化地方政府尤其是人口流入地政府的主体责任，建立健全支持农业转移人口市民化的财政政策体系，将持有居住证人口纳入基本公共服务保障范围，创造条件加快实现基本公共服务常住人口全覆盖。加大对吸纳农业转移人口地区尤其是中西部地区中小城镇的支持力度，维护进城落户农民土地承包权、宅基地使用权、集体收益分配权，支持引导其依法自愿有偿转让上述权益，促进有能力在城镇稳定就业和生活的常住人口有序实现市民化，并与城镇居民享有同等权利。

二、基本原则

创新机制、扩大覆盖。创新公共资源配置的体制机制，将持有居住证人口纳入义务教育、基本医疗、基本养老、就业服务等基本公共服务保障范围，使其逐步享受与当地户籍人口同等的基本公共服务。

精准施策、促进均衡。强化经济发达地区为农业转移人口提供与当地户籍人口同等基本公共服务的职责；综合考虑户籍人口、持有居住证人口和常住人口等因素，完善转移支付制度，确保中西部财政困难地区财力不因政策调整而减少，促进基本公共服务均等化。

强化激励、推动落户。建立中央和省级财政农业转移人口市民化奖励机制，调动地方政府推动农业转移人口市民化的积极性，有序推动有能力在城镇稳定就业和生活的农业转移人口举家进城落户。

维护权益、消除顾虑。充分尊重农民意愿和自主定居权利，依法维护进城落户农民在农村享有的既有权益，消除农民进城落户的后顾之忧。为进城落户农民在农村合法权益的流转创造条件，实现其权益的保值增值。

三、政策措施

（一）保障农业转移人口子女平等享有受教育权利。地方政府要将农业转移人口及其他常住人口随迁子女义务教育纳入公共财政保障范围，逐步完善并落实中等职业教育免学杂费和普惠性学前教育的政策。中央和省级财政部门要按在校学生人数及相关标准核定义务教育和职业教育中涉及学生政策的转移支付，统一城乡义务教育经费保障机制，实现"两免一补"资金和生均公用经费基准定额资金随学生流动可携带，落实好中等职业教育国家助学政策。

（二）支持创新城乡基本医疗保险管理制度。加快落实医疗保险关系转移接续办法和异地就医结算办法，整合城乡居民基本医疗保险制度，加快实施统一的城乡医疗救助制度。对于居住证持有人选择参加城镇居民医保的，个人按城镇居民相同标准缴费，各级财政按照参保城镇居民相同标准给予补助，避免重复参保、重复补助。加快实现基本医疗保险参保人跨制度、跨地区转移接续。

（三）支持完善统筹城乡的社会保障体系。加快实施统一规范的城乡社会保障制度，中央和省级财政部门要配合人力资源社会保障等有关部门做好将持有居住证人口纳入城镇社会保障体系和城乡社会保障制度衔接等工作。

（四）加大对农业转移人口就业的支持力度。中央和省级财政部门在安排就业专项资金时，要充分考虑农业转移人口就业问题，将城镇常住人口和城镇新增就业人数作为分配因素，并赋予适当权重。县级财政部门要统筹上级转移支付和自有财力，支持进城落户农业转移人口中的失业人员进行失业登记，并享受职业指导、介绍、培训及技能鉴定等公共就业服务和扶持政策。

（五）建立农业转移人口市民化奖励机制。中央财政建立农业转移人口市民化奖励机制，奖励资金根据农业转移人口实际进城落户以及地方提供基本公共服务情况，并适当考虑农业转移人口流动、城市规模等因素进行测算分配，向吸纳跨省（区、市）流动农业转移人口较多地区和中西部中小城镇倾斜。省级财政要安排资金，建立省（区、市）对下农业转移人口市民化奖励机制。县级财政部门要将上级奖励资金统筹用于提供基本公共服务。

（六）均衡性转移支付适当考虑为持有居住证人口提供基本公共服务增支因素。中央财政在根据户籍人口测算分配均衡性转移支付的基础上，充分考虑各地区向持有居住证人口提供基本公共服务的支出需求，并根据基本公共服务水平提高和规模增长情况进行动态调整，确保对中西部财政困难地区转移支付规模和力度不减。省级财政要参照中央做法，在对下分配均衡性转移支付资金时考虑为持有居住证人口提供基本公共服务等增支因素，增强县级政府财政保障能力，鼓励中西部地区农业转移人口就近城镇化。

（七）县级基本财力保障机制考虑持有居住证人口因素。完善县级基本财力保障机制奖补资金分配办法，中央和省级财政在测算县级相关民生支出时，要适当考虑持有居住证人口因素，加强对吸纳农业转移人口较多且民生支出缺口较大的中西部县级政府的财力保障。县级政府要统筹用好资金，切实将农业转移人口纳入基本公共服务保障范围，使农业转移人口与当地户籍人口享受同等基本公共服务。

（八）支持提升城市功能，增强城市承载能力。地方政府要将农业转移人口市民化工作纳入本地区经济社会发展规划、城乡规划和城市基础设施建设规划。要多渠道筹集建设资金，通过发行地方政府债券等多种方式拓宽城市建设融资渠道。要推广政府和社会资本合作（PPP）模式，吸引社会资本参与城市基础设施建设和运营。按照市场配置资源和政府保障相结合的原则，鼓励农业转移人口通过市场购买或租赁住房，采取多种方式解决农业转移人口居住问题。中央财政在安排城市基础设施建设和运行维护、保障性住房等相关专项资金时，对吸纳农业转移人口较多的地区给予适当支持。

（九）维护进城落户农民土地承包权、宅基地使用权、集体收益分配权。地方政府不得强行要求进城落户农民转让在农村的土地承包权、宅基地使用权、集体收益分配权，或将其作为进城落户条件。要通过健全农村产权流转交易市场，逐步建立进城落户农民在农村的相关权益退出机制，积极引导和支持进城落户农民依法自愿有偿转让相关权益，促进相关权益的实现和维护，但现阶段要严格限定在本集体经济组织内部。要多渠道筹集资金，支持进城落户农民在城镇居住、创业、投资。

（十）加大对农业转移人口市民化的财政支持力度，并建立动态调整机制。中央和地方各级财政部门要根据不同时期农业转移人口数量规模、不同地区和城乡之间农业转移人口流动变化、大中小城市农业转移人口市民化成本差异等，对转移支付规模和结构进行动态调整。落实东部发达地区和大型、特大型城市的主体责任，引导其加大支出结构调整力度，依靠自有财力为农业转移人口提供与当地户籍人口同等的基本公共服务，中央财政根据其吸纳农业转移人口进城落户人数等因素适当给予奖励。

四、组织实施

建立健全支持农业转移人口市民化的财政政策是党中央、国务院部署的重点改革任务之一，各级政府及其财政部门要高度重视、提高认识、尽快部署、狠抓落实。

中央财政要加快调整完善相关政策，加大转移支付支持力度，建立绩效考核机制，督促地方财政部门尽快制定有关支持农业转移人口市民化的财政政策措施。

省级财政部门要按照本通知要求，结合本地区实际制定支持农业转移人口市民化的政策措施，并报财政部备案；要完善省对下转移支付制度，引导农业转移人口就近城镇化，增强省以下各级政府落实农业转移人口市民化政策的财政保障能力。

人口流入地政府尤其是东部发达地区政府要履行为农业转移人口提供基本公共服务的义务，把推动本地区新型城镇化、加快推进户籍制度改革、促进已进城农业转移人口在城镇定居落户与提供基本公共服务结合起来，通过加强预算管理，统筹使用自有财力和上级政府转移支付资金，合理安排预算，优化支出结构，切实保障农业转移人口基本公共服务需求。

国务院

2016年7月27日

关于做好流动人口基本公共卫生计生服务的指导意见

国卫流管发〔2014〕82号

各省、自治区、直辖市卫生计生委（卫生厅局、人口计生委）、综治委、农民工办、民政厅（局）、财政厅（局）：

为贯彻党的十八大和十八届三中全会关于有序推进农业转移人口市民化的精神，落实好国务院《关于进一步推进户籍制度改革的意见》，推进流动人口基本公共卫生计生服务均等化，现提出以下指导意见。

一、充分认识推进流动人口基本公共卫生计生服务均等化的重要意义

2013年，全国流动人口总量为2.45亿，占全国人口总量的18%，其中80%从农村流入城镇。目前，流动人口所获得的基本公共服务，与城镇户籍人口相比还有比较明显的差距。推进基本公共服务均等化，是稳步实现城镇基本公共服务常住人口全覆盖的核心任务；是转变政府职能，创新社会治理体制的内在要求。流动人口基本公共卫生计生服务是流动人口基本公共服务的重要内容，做好这项工作是加强卫生计生服务管理、提高整体工作水平的应有之义。各地要充分认识推进流动人口基本公共卫生计生服务均等化工作的重要性，进一步增强责任感和紧迫感，积极探索，因地制宜，抓出实效。

二、总体目标

以党的十八大、十八届三中全会精神为指导，按照创新社会治理体制、深化医药卫生体制改革和落实计划生育基本国策的总体要求，以推动流动人口服务管理体制改革为动力，在推进户籍制度改革中不断创新工作机制，到2020年基本建立起"政策统筹、保障

有力、信息共享、科学评估"的流动人口基本公共卫生计生服务均等化运行机制；完善覆盖流动人口、方便可及的卫生计生服务网络体系，基层服务能力和水平明显提升。

三、主要任务

（一）落实工作职责，加强部门协作。要深化人口服务管理体制机制改革，尊重和鼓励基层的首创精神。按照属地管理的原则，将流动人口基本公共卫生计生服务均等化工作纳入基层综治中心、农民工综合服务中心（平台）、流动人口服务中心、社区卫生计生服务中心等职责之中。各级综治、民政、财政、农民工工作、卫生计生等部门要加强协作，实现服务资源共享，合力推进流动人口基本公共卫生计生服务均等化。卫生计生部门要主动与相关部门沟通协调，加强在培训、交流和联合办事等方面的协作；综治组织要用好"一网办"、"一网通"；农民工工作协调机构要加强对农民工及相关基本公共服务均等化工作的统筹协调；民政部门要将流动人口基本公共卫生计生服务纳入社区服务体系建设，指导城市街道办事处、社区居委会切实加强流动人口服务管理工作力量，提高服务质量和效能。

（二）将流动人口纳入社区卫生计生服务对象。按照《国家基本公共服务体系"十二五"规划》和户籍制度改革的要求，将流动人口作为服务对象，纳入社区卫生计生服务体系，为流动人口提供基本公共卫生计生服务。充分利用基层社区卫生计生服务机构，针对流动人口特点，突出服务的针对性和有效性，提高服务能力和服务效率；牢固树立群众观念，切实改进服务方式方法，热情为流动人口提供优质服务；从保障流动人口基本公共卫生计生服务和流动人口最迫切需要的服务项目入手，逐步为流动人口提供内容更为全面、质量不断提升、效果更加明显的基本公共卫生计生服务，不断提高流动人口的幸福感和满意度。

（三）建立与统一城乡户口登记制度相适应的卫生计生机制。落实好流动人口居住证制度，发挥卫生计生基层工作人员密切联系流动人口的优势，规范工作流程。社区计生专干负责向流动人口宣传、告知相关政策和服务项目，并把流动人口有关信息通报给社区卫生计生服务中心。在流动人口中全面落实11类基本公共卫生服务项目，优先落实好流动人口儿童预防接种、传染病防控、孕产妇和儿童保健、健康档案、计划生育、健康教育等6类基本公共服务，到2020年，流动儿童预防接种率达到95%，流动人口传染病报告率和报告及时率达到100%，流动人口规范化电子建档率达到80%，流动人口计划生育技术指导咨询服务覆盖率达到95%，流动人口育龄妇女避孕节育免费服务目标人群覆盖率达到100%，不断提高流动人口具备健康素养的人所占的比例。同时，加强严重精神障碍患者管理服务，及时将流动人口中的严重精神障碍患者纳入属地管理，定期随访，进行危险性评估，提供服药依从性及康复指导；开展疾病应急救助应包括流动人口。

（四）建立健全流动人口信息共享机制。探索建立依托基层实时采集、动态录入、及时更新的流动人口信息工作机制。依托社区公共服务综合信息平台，进一步完善现有的基本公共卫生服务相关信息系统和流动人口计划生育信息系统，逐步实现流动人口信息跨地区、跨部门的互联互通、共建共享，全面掌握流动人口变动和基本公共卫生计生服务获得的情况。

（五）调动社会力量，创新服务模式。各地要充分发挥计划生育协会等群团组织和社会组织在流动人口服务管理中的社会协同作用。创新服务模式，有序推进政府购买卫生计生服务，基本形成高效配置卫生计生公共服务资源的服务体系和供给体系，为流动人口提供更加便捷、优质、高效的基本公共卫生和计生服务。

四、切实加强组织领导和督导考评

国家卫生计生委、中央综治办、国务院农民工办、民政部、财政部等部门加强对推进流动人口基本公共卫生计生服务均等化工作的组织协调，国家卫生计生委负责具体组织实施。在全国选择40个流动人口集中的城市（城区）作为开展流动人口基本公共卫生计生服务均等化工作重点联系城市，积极探索保障流动人口获得基本公共卫生计生服务的体制机制，积累经验，推进流动人口基本公共卫生计生服务项目城镇常住人口全覆盖。

各省（区、市）和重点联系城市要将推进流动人口基本公共卫生计生服务均等化工作纳入地方经济社会发展总体规划和党委政府的重要议事日程，中央财政按照常住人口数量拨付基本公共卫生服务经费，并纳入综合治理和农民工工作的总体部署，制订周密实施方案，有序推进。列入政府和部门责任目标，定期考评。国家建立均等化推进工作定期通报和评估制度，督导考评的结果与下一年相关的中央财政专项转移支付资金分配挂钩。

附件：流动人口基本公共卫生计生服务均等化重点联系城市名单（略）

国家卫生和计划生育委员会
中央社会治安综合治理委员会办公室
国务院农民工工作领导小组办公室
中华人民共和国民政部
中华人民共和国财政部
2014年10月30日

关于充分发挥计划生育协会在流动人口卫生计生服务工作中作用的指导意见

国卫流管发〔2015〕66号

各省、自治区、直辖市卫生计生委、计生协会,新疆生产建设兵团人口计生委、计生协会:

为深入贯彻党的十八大和十八届三中、四中全会及中共中央《关于加强和改进党的群团工作的意见》精神,落实国家卫生计生委、中央综治办等5部门《关于做好流动人口基本公共卫生计生服务的指导意见》(国卫流管发〔2014〕82号),现就在新形势下创新社会治理,充分发挥计划生育协会在流动人口服务管理中的协同作用,做好流动人口卫生计生服务工作,提出以下指导意见。

一、主要任务

(一)开展宣传倡导。在日常活动中,通过协会理事、会员、积极分子的影响以及服务阵地的传播作用,并充分利用每年的5月29日计生协会员活动日、4月7日世界卫生日、7月11日世界人口日等卫生计生纪念日和元旦、春节等重大节日,向流动人口宣传卫生计生法律法规、基本公共卫生计生服务均等化政策以及妇幼保健、计划生育、生殖健康、预防艾滋病等健康知识,免费发放避孕药具和卫生计生宣传品,让广大流动人口充分知晓政策和应享有的权利,有效提高流动人口保健意识和获取公共卫生计生服务意识。

(二)了解现实需求。及时了解和掌握流动人口卫生计生服务需求,紧密围绕流动人口的特点和需求开展服务和联络工作,提高为流动人口服务的针对性,并向政府及卫生计生部门反映流动人口的需求和生产、生活等方面的困难，起到桥梁纽带作用。

（三）促进家庭发展。在流动人口中广泛开展卫生计生关怀关爱、生育关怀、创建幸福家庭、青春健康教育等活动。走访慰问流动人口困难家庭，特别是留守老人、妇女和儿童，帮助他们解决健康、医疗、优生优育方面的实际困难，提高家庭发展能力。

（四）维护合法权益。积极向流动人口宣传卫生计生维权的方式方法，协助政府开展政策解释、调解、扶助等工作。推进基层群众自治，组织引导流动人口自我教育、自我管理和自我服务。

二、组织建设

（一）扩大计生协服务流动人口的覆盖面。鼓励以流入地为主，流出地配合流入地在流动人口中建立计生协组织。流入地应当在流动人口聚集的集贸市场、企业、社区等场所建立计生协组织，或将流动人口吸纳为本地计生协会员和志愿者。流出地应当动员本地流出人口积极加入流入地计生协组织，并依托流动党支部、商会等，在本地流出人口聚集地建立流动人口计生协。力争到2020年，计生协组织网络及工作服务流动人口覆盖率达到85%以上，形成"网络健全、结构合理、功能强化、资源整合、活动经常"的新常态。

（二）加强流入地流出地协会协同配合。流入地和流出地卫生计生行政部门要在"一盘棋"区域协作的框架内，加强资源共享和信息互通，支持计生协建设。两地卫生计生行政部门和计生协要相互协同、加强合作，形成服务流动人口的合力。流入地卫生计生部门和计生协应当指定工作人员与当地流动人口计生协加强联系。上级计生协组织要加强对下级计生协组织开展流动人口服务活动的指导和监督。

（三）提升计生协服务流动人口的能力。按照基层计生协组织建设要求，建立和完善与流动人口卫生计生服务工作任务及要求相适应的工作职责。注重吸收流动人口中的积极分子、致富能人和技术能手入会，发挥协会会员的示范引领作用。选举号召力强、善于做群众工作、热心公益事业、在当地有一定声望和社会影响力的人士担任组织领导者。在各级计生协中配备一名专兼职工作人员，培养协助政府加强服务流动人口的能力，提高服务效率。与当地政府协调，将流动人口会员中的骨干力量纳入社工培养体系，或从社工中吸纳会员。加强计生协"会员之家"、"青春健康俱乐部"等阵地建设，做好为流动人口服务的计划和记录。

三、保障措施

（一）强化政府责任。各地卫生计生行政部门要重视发挥计生协在流动人口服务工作中的作用，定期研究、听取汇报。积极协调当地政府有关流动人口（农民工）的议事协调机构和相关部门指导和帮助计生协开展流动人口服务工作。

（二）建立联动机制。各级卫生计生行政部门与计生协要联合制订计生协开展流动人口服务的年度工作计划，确定年度委托计生协实施的重点项目和活动，定期沟通信息，通报工作进展，加强经验交流，推动工作开展。

（三）落实工作经费。各级卫生计生行政部门要根据年度委托计生协具体实施的项目和活动落实必要的工作经费，并提供相应的物资、活动场所支持。各级计生协要加强专项经费使用管理，专款专用。

（四）开展示范创建。各级卫生计生行政部门和计生协要组织开展计生协服务流动人口示范创建活动。注重发现和培养组织健全、服务优质，既得到卫生计生部门认可、又深受流动人口欢迎的计生协先进典型，并加以宣传和推广，引领计生协组织建设水平整体提升。

（五）推动项目合作。各级卫生计生行政部门和计生协要积极创新流动人口服务模式,鼓励和支持计生协服务流动人口工作向项目化、产业化、规范化发展。各级卫生计生行政部门可向计生协购买部分覆盖流动人口群体的基本公共卫生计生服务,并建立健全公开、透明、规范的公共服务购买流程和相关标准,卫生计生行政部门负责考评、监管。

国家卫生计生委

中国计划生育协会

2015年6月4日

关于进一步做好人口计生与扶贫开发相结合工作的若干意见

国务院办公厅转发人口计生委扶贫办关于进一步做好人口计生与扶贫开发相结合工作若干意见的通知

国办发〔2012〕10号

各省、自治区、直辖市人民政府，国务院各部委、各直属机构：

人口计生委、扶贫办《关于进一步做好人口计生与扶贫开发相结合工作的若干意见》已经国务院同意，现转发给你们，请认真贯彻执行。

国务院办公厅
二〇一二年二月五日

为深入贯彻《中华人民共和国国民经济和社会发展第十二个五年规划纲要》和《中国农村扶贫开发纲要（2011—2020年）》精神，进一步做好新形势下人口计生与扶贫开发相结合工作，提出如下意见。

一、充分认识新形势下做好人口计生与扶贫开发相结合工作的重要性

（一）人口计生与扶贫开发工作取得显著成绩。人口是影响经济社会发展的关键因素，关系着贫困地区脱贫致富和全面协调可持续发展。贫困地区脱贫致富，有利于群众生育观念的转变和计划生育工作的深入开展。改革开放以来，在党中央、国务院的正确领导下，各级人口计生、扶贫开发部门认真贯彻落实科学发展观，将人口计生与扶贫开发工作结合起来，在扶贫开发政策、

项目上对计划生育扶贫对象予以优先优待，创造了"少生快富"工程、长效节育措施奖励等行之有效的经验，人口计生和扶贫开发工作取得了显著成绩，贫困地区生育水平逐步下降，人口过快增长的势头得到有效控制，统筹解决人口问题迈出重要步伐，缓解了人口对资源、环境的压力，促进了贫困地区经济发展、社会和谐和民生改善；一大批计划生育扶贫对象脱贫致富，农村贫困人口大幅减少，收入水平稳步提高，农村居民生存和温饱问题基本解决。

（二）加强人口计生与扶贫开发相结合工作具有重要意义。当前，我国人口发展正处于重大转折期，人口素质、结构、分布正成为影响发展的主要因素；扶贫开发任务十分艰巨，扶贫对象规模大，相对贫困问题凸显。人口多、增长快、素质低仍是制约贫困地区脱贫致富、群众生活水平提高的重要因素。贫困地区人口计生工作关系着全国稳定低生育水平、统筹解决人口问题的大局。加强人口计生与扶贫开发相结合工作，是实现和稳定贫困地区低生育水平，全面提升人口计生工作水平的重大举措；是促进贫困家庭脱贫致富，实现贫困地区经济社会更好更快发展的重要途径；是促进人口与经济、社会、资源、环境协调和可持续发展的迫切要求；是推动人口计生与扶贫开发事业共同进步的必由之路，必须坚持不懈地抓好落实。

二、明确人口计生与扶贫开发相结合工作的指导思想、目标任务和基本原则

（三）指导思想。

以科学发展观为指导，认真贯彻《中华人民共和国国民经济和社会发展第十二个五年规划纲要》和《中国农村扶贫开发纲要（2011—2020年）》精神，适应转变经济发展方式、保障和改善民生、增强扶贫对象自我发展能力的新形势，加大对贫困地区人口计生工作的支持力度，加大对计划生育扶贫对象的扶持力度，实现和稳定低生育水平，提高人口素质，优化人口结构，引导人口合理分

布,促进贫困地区人口与经济、社会、资源、环境协调发展和可持续发展。

(四)目标任务。

制定完善人口计生与扶贫开发相结合的政策措施,建立健全党政主导、部门配合、社会协同的工作机制。到2015年,力争使国家扶贫开发工作重点县(以下简称重点县)平均人口自然增长率控制在8‰以内,总和生育率控制在1.8左右。计划生育扶贫对象大幅减少,家庭发展能力明显增强,群众生活水平明显提高。到2020年,重点县低生育水平持续稳定,逐步实现人口长期均衡发展。

(五)基本原则。

一是坚持统筹规划。将人口计生与扶贫开发相结合工作纳入贫困地区经济社会发展总体规划,融入人口计生、扶贫开发工作之中,同部署、同落实、同检查、同考核。

二是坚持因地制宜。根据各地实际,分类指导,将连片特困地区作为工作重点,实施针对性和操作性强、群众得实惠的具体政策和项目。

三是坚持资源整合。结合社会主义新农村建设、生态建设、环境保护、产业发展工作,统筹专项扶贫、行业扶贫及社会扶贫,推动社会各界支持贫困地区人口计生工作和关怀帮助计划生育扶贫对象。

三、完善人口计生与扶贫开发相结合的政策措施

(六)健全人口计生利益导向政策体系。进一步完善农村计划生育家庭奖励扶助制度、"少生快富"工程和计划生育家庭特别扶助制度,提高标准,扩大范围。在工作基础比较薄弱、生育水平较高的连片特困地区,推广实施诚信计生奖励政策。切实贯彻国家助学政策,确保符合条件的计划生育家庭子女及时足额获得资助。鼓励机关、企事业单位、社会团体和个人开展对农村计划生育家庭帮困扶持。大力推进"生育关怀行动"、"幸福工程"。开展关怀关爱

农村留守儿童、留守老人的活动。

（七）提高出生人口素质。普及科学知识，提倡健康科学的生活方式，有针对性地开展宣传教育、健康促进、优生咨询、均衡营养等服务。推进计划生育优质服务，积极创造条件加快在重点县实施免费孕前优生健康检查项目。推动实施贫困地区学龄前儿童营养与健康干预项目。

（八）加强基层人口计生服务能力建设。支持重点县人口计生服务机构建设，根据需要适当配备或更新计划生育、优生优育、生殖保健等设备；强化重点县流动服务能力建设。进一步加强重点县人口计生队伍的职业化建设，组织开展专项培训和继续教育，进一步提高干部队伍整体素质；组织发达地区与重点县技术骨干的双向交流培训。

（九）深入开展宣传倡导。全面开展婚育新风进万家活动和关爱女孩行动，扎实推进新农村新家庭计划、创建幸福家庭活动，大力传播计划生育、性别平等、优生优育等文明婚育观念，建设新型家庭人口文化。广泛宣传人口计生法律法规和政策，提高群众知晓率，引导更多群众遵纪守法、少生优生。扎实推进人口计生基层群众自治，广泛开展诚信计生工作、阳光计生行动，动员组织群众参与人口计生服务管理。

（十）加大对人口计生工作做得比较好的贫困村支持力度。扶贫开发、农田基本建设、水利设施建设、土地开发、新农村建设等项目、资金，要向人口计生工作做得比较好的贫困村倾斜。

（十一）加大对计划生育扶贫对象的扶持力度。实施易地扶贫搬迁、以工代赈、产业扶贫、"雨露计划"、就业促进等专项扶贫政策或项目时，要优先优待符合条件的计划生育扶贫对象；发展特色产业、完善基础设施、可再生能源开发利用、危房改造、贴息贷款、定点扶贫、"兴边富民"行动等政策或项目，要向计划生育扶贫对象倾斜，支持计划生育扶贫对象调整产业结构，因地制宜发展种植、养殖、农产品加工、手工艺品制作等产业，提高家庭发展能力。

四、健全人口计生与扶贫开发相结合工作机制

（十二）加强组织领导。各级人口计生、扶贫开发部门要积极做好党委、政府的参谋助手，健全各级人口计生和扶贫开发工作领导机构，完善人口计生目标管理责任制和扶贫开发工作责任制，坚定不移地抓好人口计生与扶贫开发相结合工作。要将人口计生与扶贫开发相结合工作纳入重点县人口计生、扶贫开发部门及相关机构的考核范围，完善考核制度。对在工作中作出突出贡献的组织和个人，按照国家有关规定给予表彰奖励。

（十三）强化部门配合。县级以上政府人口计生部门要主动会同扶贫开发部门，研究制定人口计生与扶贫开发相结合的具体政策措施。扶贫开发部门要统筹安排扶贫项目，采取有力措施促进计划生育扶贫对象增加收入；拟定重要政策措施和项目方案，要提前征求人口计生部门的意见。县级以下政府扶贫开发部门或机构在工作中发现政策外怀孕、生育的扶贫对象，要及时与同级人口计生部门或机构沟通，并配合做好宣传动员工作。县级以上政府人口计生、扶贫开发部门要指定专人负责人口计生与扶贫开发相结合工作，会同相关部门定期组织对政策措施执行情况的检查、督导，共同研究解决工作中存在的问题。

（十四）共享信息资源。人口计生部门要帮助扶贫开发部门在建档立卡、扶贫对象识别过程中，准确把握贫困家庭人口信息。扶贫开发部门要与人口计生部门及时沟通扶贫对象信息。重点县全员人口数据库要增加家庭贫困状况的有关信息，扶贫对象档案要增加是否为计划生育户、是否落实节育措施等内容。做好全员人口数据库与贫困农户信息管理系统的衔接，实现信息互通共享，及时更新。

（十五）推进改革创新。适应加强和创新社会管理的新要求，更加注重利益导向，更加注重服务关怀，更加注重宣传倡导，积极

推进相关惠民强农政策与人口计生政策衔接、配合，切实转变贫困地区工作思路和方式。要把典型示范与普遍要求结合起来，积极探索创新人口计生与扶贫开发相结合的新项目和新载体。树立和培养一批实行计划生育的致富典型，营造良好的舆论氛围。加强调查研究，总结推广成功经验。

各地要根据本意见，结合实际进一步明确人口计生与扶贫开发相结合的政策措施，制定具体实施方案。

关于在人口净流入的大中城市加快发展住房租赁市场的通知

建房〔2017〕153号

各省、自治区、直辖市住房城乡建设厅（建委、房地局）、发展改革委、公安厅（局）、国土资源主管部门、工商局（市场监督管理部门）、证监局，中国人民银行上海总部、各分行、营业管理部、省会（首府）城市中心支行、副省级城市中心支行，各省、自治区、直辖市、计划单列市财政厅（局）、国家税务局、地方税务局：

当前人口净流入的大中城市住房租赁市场需求旺盛、发展潜力大，但租赁房源总量不足、市场秩序不规范、政策支持体系不完善，租赁住房解决城镇居民特别是新市民住房问题的作用没有充分发挥。为进一步贯彻落实《国务院办公厅关于加快培育和发展住房租赁市场的若干意见》（国办发〔2016〕39号），加快推进租赁住房建设，培育和发展住房租赁市场，现就有关事项通知如下。

一、充分认识加快发展住房租赁市场的重要意义

党中央、国务院高度重视培育和发展住房租赁市场，近年来作出了一系列决策部署。各地区有关部门要将思想和行动统一到党中央、国务院的决策部署上来，充分认识到加快推进租赁住房建设、培育和发展住房租赁市场，是贯彻落实"房子是用来住的、不是用来炒的"这一定位的重要举措，是加快房地产市场供给侧结构性改革和建立购租并举住房制度的重要内容，是解决新市民住房问题、加快推进新型城镇化的重要方式，是实现全面建成小康社会住有所居目标的重大民生工程。

二、多措并举，加快发展住房租赁市场

（一）培育机构化、规模化住房租赁企业

鼓励国有、民营的机构化、规模化住房租赁企业发展，鼓励房

地产开发企业、经纪机构、物业服务企业设立子公司拓展住房租赁业务。人口净流入的大中城市要充分发挥国有企业的引领和带动作用,支持相关国有企业转型为住房租赁企业。住房租赁企业申请工商登记时,经营范围统一规范为住房租赁经营。公安部门要比照酒店业管理方式,将住房租赁企业登记的非本地户籍租住人员信息接入暂住人口管理信息系统,实现对租客信息的有效对接。加大对住房租赁企业的金融支持力度,拓宽直接融资渠道,支持发行企业债券、公司债券、非金融企业债务融资工具等公司信用类债券及资产支持证券,专门用于发展住房租赁业务。鼓励地方政府出台优惠政策,积极支持并推动发展房地产投资信托基金(REITs)。

(二)建设政府住房租赁交易服务平台

城市住房城乡建设主管部门要会同有关部门共同搭建政府住房租赁交易服务平台,提供便捷的租赁信息发布服务,推行统一的住房租赁合同示范文本,实现住房租赁合同网上备案;建立住房租赁信息发布标准,确保信息真实准确,规范住房租赁交易流程,保障租赁双方特别是承租人的权益;建立健全住房租赁企业和房地产经纪机构备案制度,强化住房租赁信用管理,建立多部门守信联合激励和失信联合惩戒机制;加强住房租赁市场监测,为政府决策提供数据基础。

(三)增加租赁住房有效供应

鼓励各地通过新增用地建设租赁住房,在新建商品住房项目中配建租赁住房等方式,多渠道增加新建租赁住房供应,优先面向公租房保障对象和新市民供应。按照国土资源部、住房城乡建设部的统一工作部署,超大城市、特大城市可开展利用集体建设用地建设租赁住房试点工作。鼓励开发性金融等银行业金融机构在风险可控、商业可持续的前提下,加大对租赁住房项目的信贷支持力度,通过合理测算未来租赁收入现金流,向住房租赁企业提供分期还本等符合经营特点的长期贷款和金融解决方案。支持金融机构创新针对住房租赁项目的金融产品和服务。鼓励住房租赁企业和金融机构运用利率衍生工具对冲利率风险。

积极盘活存量房屋用于租赁。鼓励住房租赁国有企业将闲置和低效利用的国有厂房、商业办公用房等，按规定改建为租赁住房；改建后的租赁住房，水电气执行民用价格，并应具备消防安全条件。探索采取购买服务模式，将公租房、人才公寓等政府或国有企业的房源，委托给住房租赁企业运营管理。

要落实"放管服"改革的总体要求，梳理新建、改建租赁住房项目立项、规划、建设、竣工验收、运营管理等规范性程序，建立快速审批通道，探索实施并联审批。

（四）创新住房租赁管理和服务体制

各地要建立部门相互协作配合的工作机制，明确住房城乡建设、发展改革、公安、财政、国土资源、金融、税务、工商等部门在规范发展住房租赁市场工作中的职责分工，整顿规范市场秩序，严厉打击住房租赁违法违规行为。推进部门间信息共享，承租人可按照国家有关规定凭登记备案的住房租赁合同等有关证明材料申领居住证，享受相关公共服务。充分发挥街道、乡镇，尤其是居民委员会和村民委员会等基层组织的作用，将住房租赁管理和服务的重心下移，实行住房租赁的网格化管理；建立纠纷调处机制，及时化解租赁矛盾纠纷。

三、工作要求

（一）加强组织领导

各地区有关部门要切实加强组织领导，健全工作机制，做好宣传引导，营造良好环境。要结合当地实际研究制定具体实施办法，落实工作责任，确保各项工作有序推进。

（二）积极开展试点

选取部分人口净流入的大中城市开展试点工作。试点期间，各城市应于每年1、4、7、10月的15日前，定期报送上一季度试点工作进展情况，由省级住房城乡建设部门汇总后报送住房城乡建设部、国家发展改革委、财政部和国土资源部。住房城乡建设部会同有关部门及时总结试点工作取得的经验，形成一批可复制、可推广的试点成果，向全国进行推广。

（三）加强督促指导

各地区有关部门要按照职责分工，加强对人口净流入的大中城市发展住房租赁市场工作的督促指导。要注意分类指导，尊重基层首创精神，健全激励和容错纠错机制，允许进行差别化探索，发现问题及时纠偏。住房城乡建设部、国家发展改革委、财政部和国土资源部会同有关部门，跟踪指导各地工作开展情况，总结经验，不断完善政策。

住房城乡建设部

国家发展改革委

公安部

财政部

国土资源部

人民银行

税务总局

工商总局

证监会

2017 年 7 月 18 日